LE IODELET
OV LE MAISTRE VALET.
COMEDIE.

A ROUEN,
Chez ANTOINE FERRAND, au haut
des degrez du Palais.

M. DC. LIV.

A MONSIEVR LE COMMANDEVR DE SOVVRE'.

ONSIEVR,

Il faudroit que ie fusse aussi ingrat que malade, si ie ne vous dediois pas ma Comedie, & aussi fou qu'ingrat si ie pretendois en vous la dediant me dégager assez enuers vous des obligations que ie vous ay, ie vous paye seulement vne petite partie d'vne debte dont ie ne me pourray iamais acquitter, ou plustost ie vous donne vne chose en laquelle vous

A ij

EPISTRE.

auez déja grande part, puis que ie ne l'ay pû faire que lors que mes maux m'ont donné quelque relasche, & que c'est vous qui me les auez rendus plus supportables qu'ils n'estoient, en me faisant tousiours l'honneur de m'aimer tout malheureux que ie suis. Et ce bon-heur là dont ie ne puis trouuer en moy la cause, mais seulement en vostre generosité, me console si bien que i'ose quelquefois me vanter de rire la plume à la main contre les plus eniouez & les plus heureux. Ie ne doute point que quelques vns ne disent que ma Comedie n'est qu'vne farce, & si ie me vance de l'auoir faite en trois semaines, qu'il ne se puisse trouuer quelque homme triste qui me vienne rompre dans la visiere, en me disant que i'ay écrit bien des sottises en peu de temps. Mais vous voulez bien, Monsieur, que ie me serue de vostre nom pour les confondre, & que ie luy dise que vous n'estes pas de ceux qui rient d'vne chose froide, ou qui se laissent emporter au rire des autres, & cependant qu'elle vous a pleu. A vous dont l'esprit & la conduite ont paru auec éclat dans quatre ou cinq Cours les plus renommées & les plus delicates de l'Europe. Ie voudrois qu'aussi bien que de vostre esprit il fut icy à propos de parler de vostre courage, que vous auez exercé si dignement dans la France, dans l'Italie, & dans les Mers de Leuant. Mais l'Histoire de nostre temps ne s'en taira pas, & certes elle vous fera grande iniustice si toutes les fois qu'elle parlera de vous, elle ne le fait auec Eloge, & si elle espargne rien du lustre qu'elle a accoustumé de donner aux belles actions, toutes les fois qu'elle

EPISTRE.

parlera des voſtres, ou nommera les lieux où vous les aurez faites. Ie ne vous amuſeray dauantage auec mon Epiſtre Liminaire, les meilleures de ce genre là ſont les plus courtes, par ce qu'elles importunent le moins : Ie la finiray donc comme on finit toutes les autres, en vous aſſeurant que ie ſuis de toute mon ame,

MONSIEVR,

Voſtre tres-humble, tres-obeiſſant, & tres-obligé ſeruiteur, SCARRON.

PERSONNAGES.

DOM IVAM, Daluarade.
D. LOVIS, de Rochas.
D. FERNAND, de Rochas.
ISABELLE, de Rochas.
LVCRESSE, de Daluarade.
IODELET, valet de D. IVAN Daluarade.
ESTIENNE, valet de D. LOVIS de Rochas.
BEATRIS, Suiuante d'Isabelle.

La Scene est à Madrid.

IODELET
OV LE MAISTRE VALET,
COMEDIE.

ACTE I.
SCENE PREMIERE.
Iodelet, Dom Iuan.

Iodelet.

Vy ie n'en doute plus, ou bien vous estes fou.
Ou le Diable d'Enfer qui vous casse le cou,
A depuis peu chez vous esleu son domicille
Arriue à telle heure en vne telle ville,

Courir toute la nuit sans boire ny manger,
Menacer son valet, & le faire enrager.

Dom Iuan.

Taisez-vous maistre sot, cette ruë où nous sommes,
Est celle que ie cherche.

Iodelet.

O le plus fou des hommes!
Et qui voulez-vous faire apres minuit sonné?
Aller voir Dom Fernand.

Dom Iuan.

Ouy tu l'as deuiné.
Ie veux dés cette nuit aller voir Isabelle.

Iodelet.

Dés cette nuit plustost vous broüiller la ceruelle,
Si ceruelle chez vous est encore à broüiller.

Dom Iuan.

Si faut il Iodelet te resoudre à veiller,
Quelque las que tu sois quelque faim qui te tuë,
Ie ne suis pas d'auis de sortir de la ruë,
Sans auoir veu de pres l'objet de mon amour.
Le deussay ie chercher iusques au point du iour.

Iodelet.

Ressouuient toy mortel qu'il est tantost vne heure
Que l'on n'ouurira point où Dom Fernand demeure,
Que nous sommes partis ce matin de Burgos,
Que tantost sur mulets, & tantost sur cheuaux
Nous auons vous, & moy, grace a vostre Himenée,
Couru comme des foux le long de la iournée,

Et

Comedie.

Et que toute la nuit faire le Chat-huan
Est tres grande folie au Seigneur Dom Iuan.
Dom Iuan.
Ressouuiens-toy mortel que n'aimer que sa gueule,
Que ne viure icy bas rien que pour elle seule
Est estre pis que beste, & donc, ô Iodelet,
Vous n'estes qu'vne beste habillé en valet.

Iodelet.
Que ie hay les railleurs!

Dom Iuan.
Que ie hay les yurognes.

Iodelet.
Que ie hay les Amants & leurs mourantes trognes.

Dom Iuan.
Moy que i'aime Isabelle, & que son seul portrait
Me perce iusqu'au cœur d'vn redoutable trait.

Iodelet.
Vous estes donc de ceux qu'vne seule peinture
Remplit de feu Gregeois, & met à la Torture,
Et si Monsieur le Peintre a bien fait vn museau,
S'il s'est heureusement escrimé du pinceau.
S'il vous a fait en toille vne adorable idole
L'original peut estre vne fort belle folle.
Sa bouche de Corail peut enfermer dedans,
De petits os pourris au lieu de belles dents,
Vn portraict dira-t'il les deffauts de sa taille,
Si son corps est armé d'vne iaque de maille,
S'il a quelques esgouts outre les naturels.

B

Iodelet, ou le Maistre valet,

Accident tres contraire aux appetits charnels :
En fin si ce n'est point quelque horrible Squelette
Dont les beautés la nuit font dessous la toillette,
Ma foy si l'on vous voit de femme mal pourueu
Puisque vous vous coiffés deuant que d'auoir veu,
Vous ne serés pas plaint de beaucoup de personnes.

Dom Iuan.

Sçay tu bien Iodelet à lors que tu raisonnes,
Qu'il n'est pas sous le Ciel vn plus fascheux que toy.

Iodelet.

Il n'est pas sous le Ciel vn plus fasché que moy
Quand il faut à tastons courir de ruë en ruë,
Ou dessous vn Balcon faire le pied de gruë.

Dom Iuan.

Iodelet.

Iodelet.

Dom Iuan.

Dom Iuan.

Sans doute mon portrait
Enuers mon Isabelle aura fait son effet,
I'y suis peint arauir.

Iodelet.

Ie sçay bien le contraire.

Dm Iuan.

Que dis-tu?

Iodelet.

Ie vous dis qu'il n'a fait que desplaire

Comédie.
Dom Iuan.
D'où diable le sçay tu?
Iodelet.
D'où? ie le sçay fort bien,
Par ce qu'au lieu du vostre elle a receu le mien.
Dom Iuan.
Traistre si tu dis vray, mais ie croy que tu railles,
J'iray chercher ta vie au fonds de tes entrailles.
Iodelet.
Venez la donc chercher, car ie ne raille point,
Mais en frappāt mon corps espargnez mō pourpoint.
Dom Iuan.
Ne pense pas tourner la chose en raillerie,
Di comment l'as tu fait?
Iodelet.
Vous estes en furie.
Dom Iuan.
Oüy i'y suis tout de bon, ie n'y fus iamais tant.
Iodelet.
Lors qu'auec bon congé du Cardinal Infant,
Et lettres de faueur nous partismes de Flandre.
Dom Iuan.
Et bien.
Iodelet
Escoutez donc, & vous l'allez apprendre,
Le desir violent de vous voir à Burgos
Vous fit aller bien viste & par monts & par vaux,
Le voyage fut court, mais à vostre arriuée
B ij

Un frere mis à mort une sœur enleuée,
Sans sçauoir où, par qui, ny pourquoy, ny comment
Vous penserent quasi gaster le iugement.

Dom Iuan.

A quel propos meschant viens tu r'ouurir ma playe
Par le ressouuenir d'vne playe trop vraye.
Ha! frere non vengé, sœur qui m'ostes l'honneur,
Et de ton assassin & de ton suborneur,
Ie sçauray par mon bras si bien me satisfaire
Que ie pourray vanter ce que t'auois à taire:
Mais venons au portrait.

Iodelet.

I'y vay tant que ie puis,
Mais ma foy ie ne sçay quasi plus où i'en suis,
Ie ne fay que tirer & rengainer ma langue:
Car vous interrompez à tous coups ma harangue,
Ie n'ay pourtant rien dit qui ne soit à propos.

Dom Iuan.

Que ne raconte-tu la chose en peu de mots?

Iodelet.

Ie ne puis ny parler tandis qu'vn autre cause,
Pour moy ie dis tousiours par ordre chaque chose:
Or pour vostre portrait que t'auois oublié.

Dom Iuan.

Iamais ses longs discours ne m'ont tant ennuyé.

Iodelet.

A peine fusmes-nous de retour en Castille
Que Fernand de Rochas vous proposa sa fille:

Comedie.

Là dessus mon portrait qui vous fut apporté
Vous rendit plus bruslant que le Soleil d'Esté
Vingt mil escus estoient offerts auec la belle,
Et vous pour la charmer comme vous l'estiez d'elle
Vous voulustes aussi qu'elle eust vostre portrait,
Ainsi vous la frappiez auec son mesme trait.
Lors à bon chat bon rat, & la pauure Donzelle
Estoit pour en auoir profondement dans l'aisle,
Le stratageme estoit d'Amant bien rafiné,
Mais le Ciel autrement en auoit ordonné.

Dom Iuan.

En fin finiras-tu quelque iour ton histoire?

Iodelet.

Ouy Seigneur, mais il faut vous remettre en memoire,
Car pour moy ie suis las de me ressouuenir.

Dom Iuan.

Fusse-tu las aussi de tant m'entretenir,
I'ay bien icy besoin de patience extréme.

Iodelet.

Vous vous souuiendrez donc que vostre Peintre mesme
Me voulut peindre aussi.

Dom Iuan.

Poursuy, ie le sçay bien.

Iodelet.

Sçauez-vous bien aussi qu'il ne m'en cousta rien,
Et que ce bon Flamand est braue homme, ou ie meure.

Dom Iuan.

Et bien croy-tu pouuoir acheuer dans vne heure,

B iij

Iodelet, ou le Maistre valet,

As tu bruſlé, vendu, beu, mangé mon Portraict?
L'ai-je encore, l'at'elle, enfin qu'en as-tu fait?

Iodelet.

Donnez-moy patience, & vous l'allez apprendre,
Mais retournôs chez nous, & laiſſons là la Flaudre,
Comme i'eſtois apres à vous empaqueter,
Vous ſçauez que ie ſuis tres facile à tenter,
Et que le Ciel m'a fait curieux de nature,
Pour voſtre grand malheur i'autſay ma peinture,
Celle qu'au pays-bas comme ie vous ay dit,
Sans qu'il m'en couſtaſt rien voſtre Peintre me fit,
Ie la mes auſſi toſt vis-à-vis de la voſtre,
Pour voir ſi l'vne eſtoit auſſi belle que l'autre,
Lors ie ne ſçay comment le Diable s'en meſla
Ni ne vous puis conter comment ſe fit cela,
La mienne prit la poſte, & la voſtre reſtée
Fit que i'eus quelques iours la teſte inquietée,
Mais le temps qui diſſipe, & chaſſe les ennuis,
M'ayant fauoriſé de quelques bonnes nuits,
Ie me ſuis defaſché de peur d'eſtre malade:
Vous ſi vous me croyez ſans faire d'incartade,
Vous ne ſongerez plus au mal que i'ay commis,
Puis que c'eſt par meſgarde, il doit eſtre remis,
Voila la verité, comme on dit, toute nuë.

Dom Iuan.

Et qu'aura t'elle dit de ta face cornuë?
Chien qu'aura t'elle dit de ton nez de Blereau?
Infame.

Comedie.

Iodelet.

Elle aura dit que vous n'estes pas beau,
Et que si nous estions artisans de nous mesmes,
On ne verroit par tout que des beautez extrémes,
Qu'vn chacun se feroit le nez efféminé.
Et que vous l'auez tel que Dieu vous l'a donné:
Mais que mal à propos peu de chose vous choque,
Si vous pouuez demain luy conter l'équiuoque,
Quand elle vous verra brillant comme vn Phebus,
Vous me remercirez d'vn si plaisant abus.

Dom Iuan.

Paix là, ie voy quelqu'vn qui sçaura bien peut estre
Où loge Dom Fernand, va le ioindre.

Iodelet.

Mon maistre.

Dom Iuan.

Que veux-tu? parle bas.

Iodelet.

Peut-estre il n'en sçait rien.

Dom Iuan.

Ha malheureux poltron tu meriterois bien
Qu'il te donnast cent coups.

Iodelet.

Il le pourra bien faire
Caualier.

SCENE II.

Estienne, Iodelet, Dom Iuan.

Estienne.

Qvi va là?

Iodelet.

Soit dit sans déplaire
Où loge Dom Fernand?

Estienne.

C'est ici sa maison.

Iodelet.

Ha vraiment pour le coup mon maistre auoit raison,
Haussant la voix.
Le beau pere est trouué, venez viste son gendre,
Nous n'auons qu'à fraper.

Estienne.

et moi ie viens d'apprendre
Que ie suis vn vrai sot de leur auoir monstré,
Où mon maistre tantost est en cachette entré,
Et d'où ie le tiens prest de sortir tout à l'heure,
Mais i'y veux donner ordre.

Dom Iuan.

Est ici qu'il demeure?

Comedie.

Estienne.
Ouy mais il est malade, & n'aime pas le bruit
Quelles gens estes-vous?

Iodelet.
Nous n'allons que la nuit.
Nous portons à la nuit amitié singuliere,
Et serions bien faschez d'auoir veu la lumiere:
Nous sommes de Noruegue, vn païs vers le Nort,
Ou maudit d'vn chacun est tout homme qui dort:
Pour moy ie ne dors point, voyez vous là mon maistre?
C'est le plus grand veilleur qui se treuue peut-estre.

Estienne.
Ou plustost vn volleur qui me fera raison
De m'auoir l'autre iour surpris en trahison,
Ouy ie le connois bien, & vous estiez ensemble.

Iodelet.
Homme vn peu bien colere, & bien fou, ce me semble,
Sçachez si nous l'estions la moitié tant que vous,
Que de ma blanche main vous auriez mille coups,
Et si vous ne fuyez, que cette mienne lame
N'aura plus de fourreau que celuy de vostre ame:
Mon maistre auancez vous, ie commence à mollir,
Et sans l'obscurité vous me verriez pallir.

Dom Iuan.
A moy Rustaut, à moy que ie vous ciuilise.

Estienne.
Si faut-il, Tenebreux, que ie vous dépaïse,
A deux cens pas d'ici quoy que vous soyez deux,

Iodelet, ou le Maiſtre valet,
Si vous oſez me ſuiure, on s'y battra bien mieux.
Dom Iuan.
Ouy-da, ie vous ſuiuray.
Iodelet.
La peſte comme il drille,
J'ay pourtant eu frayeur de ce chien de ſoudrille,
Autrement ſans peril ie luy caſſois les os :
Foin ie n'auray iamais poltron plus à propos.
Mais d'où diable eſt ſorty cet autre vilain homme?

SCENE III.

Dom Louys, Iodelet, Dom Iuan.

Dom Louys deſcend du Balcon.

Dom Louis.

Eſtienne.

Iodelet.
L'om y va

Dom Iuan.
C'eſt ſon valet qu'il nomme,
Celuy qui deuant nous vient de gagner au pied.

Dom Louis.
Ou ie me trompe fort, ou ie ſuis eſpié,
Mais la rumeur icy troubleroit Iſabelle,
Et ie dois meſpriſer l'honneur pour l'amour d'elle,

Comedie.

Fuyons puis qu'il le faut.

Dom Iuan.
Demeure ou tu es mort,
Demeure encor vn coup.

Iodelet.
Diantre qu'il pousse fort.

Dom Iuan.
Dis ton nom vistement, ou ie t'oste la vie.

Iodelet.
Ie suis Dom Iodelet natif de Sigouïe.

Dom Iuan.
Au diable le maraut, & l'homme du Balcon.

Iodelet.
Il s'en est enuolé leger comme vn faucon,
Et moi sot que ie suis ie vuidois sa querelle
Tandis que le poltron enfiloit la venelle,
De deux grands vilains coups que vous m'auez poussés
I'ay crû mes intestins par deux fois offencez,
Vous estes vn peu prompt, mais de grace mon maistre,
On sort donc à Madrid ainsi par la fenestre :
Vous ne me dites mot.

Dom Iuan.
L'as tu bien entendu ?

Iodelet.
Oüi.

Dom Iuan.
I'en suis tout confus.

Iodelet, ou le Maiſtre valet,

Iodelet.

Et moy tout confondu.

Dom Iuan.

Ie ne doy pas icy rien faire à la volée.

Iodelet.

Vous auez ce me ſemble vn peu l'ame troublée.

Dom Iuan.

Ouy ie l'ay, Iodelet, & i'en ay du ſujet,
Mais raiſonnons vn peu là-deſſus.

Iodelet.

C'eſt bien fait.

Raiſonnons, auſſi bien i'en ay tres-gande enuie,
Et ie ne penſe pas durant toute ma vie
Auoir eſté iamais en mes raiſons ſi fort :
Raiſonnons donc mon maiſtre, & raiſonnôs bien fort.

Dom Iuan

Ie ſuis né dans Burgos pauure mais d'vne race
Exempte iuſqu'à moy de honte & de diſgrace.

Iodelet.

Fort bien.

Dom Iuan.

A mon retour de la guerre à Burgos
Ie me treuue attaqué de deux differens maux,
Le meurtre de mon frere, & ma ſœur enleuée
Quoy que ſoigneuſement dans l'honneur eſleuée
Me cauſent vn chagrin qui n'eut iamais d'égal.

Iodelet.

Fort mal, fort mal, fort mal, & quatre fois fort mal

Comedie.

Dom Iuan.
Dom Fernand me choisit pour espoux d'Isabelle,
Ton portrait pour le mien est receu de la belle.

Iodelet.
Pas trop mal.

Dom Iuan.
Nous traittons cette affaire sans bruit,
Et ie pars pour Madrid où i'arriue de nuit.

Iodelet.
Vn peu mal.

Dom Iuan.
Sans songer, à me chercher vn giste,
Mon amour droit icy m'amene.

Iodelet.
Vn peu trop viste.

Dom Iuan.
Ie rencontre vn valet où loge Dom Fernand
Qui me fait à dessein querelle d'Alemand,
I'en voy sortir son maistre.

Iodelet.
Il est vray qui destale
Comme vn poltron qu'il est.

Dom Iuan.
Mais de peur du scandale,
Certes il ne vint point à nous comme vn poltron.

Iodelet.
Comment y vint il donc le mal-heureux larron?

Iodelet, où le Maistre valet.

Dom Iuan
Il y vint Iodelet comme aymé d'Isabelle.

Iodelet.
Fort mal.

Dom Iuan.
Et c'est cela qui me met en ceruelle.

Iodelet.
Raisonnons donc encore.

Dom Iuan.
Ah ne raisonne plus,
Tes sots raisonnemens sont icy superflus,
Attens certain conseil que l'amour me suggere,
Guerrira mes soupçons, c'est en toy que i'espere :
Il faut que dés demain, ô mon cher Iodelet,
Tu passes pour mon maistre, & moy pour ton valet :
Ton portrait supposé fait icy des merueilles,
Qu'as tu cher Iodelet, tu branste les oreiller ?

Iodelet.
Tous ses déguisemens sentent trop le baston,
I'ayme mieux raisonner, & puis que diroit-on,
Dom Iuan est valet, & Iodelet est maistre,
Et si par grand malheur, car en fin tout peut-estre,
Vostre maistresse m'aime, & ie l'aime aussi.

Dom Iuan.
De cela Iodelet ne prend aucun soucy,
Le mal sera pour moy, mais durant cette feinte
Les trop iustes soupçons dont mon ame est atteinte
Pourront estre esclajrcis, car comme Iodelet,

Comedie.

Ie feray confidence auecque ce valet,
Ie feray l'amoureux de la moindre foubrette,
Mes prefens ouuriront l'ame la plus fecrette,
Toy mãgeãt cõme un chãcre, & beuuãt cõme un trou,
Paré de chaine d'or comme un Roy de Perou
Sans prendre aucune part à ma melancolie.

Iodelet.

Ie commence a trouuer l'inuention iolie.

Dom Iuan.

Chez le bon Dom Fernand tu fera regalé,
Et moy de mes foupçons fans ceffe bourelé,
Ie me verray reduit à te porter enuie
Sans efpoir de guerir durant ma trifte vie.

Iodelet.

Et ie ne pourray pas pour mieux reprefenter
Le Seigneur Dom Iuan quelque fois charpenter
Sur voftre noble dos, bien fouuent ce me femble,
Vous en ufez ainfi.

Dom Iuan.

    Quand nous ferons enfemble
Tous feuls & fans tefmoins, ouy ie te le permets.

Iodelet.

Potages mitionnés fauoureux entremets,
Bifques, paftés ragous, en fin dans mes entrailles
Vous ferés digerés, & vous lafches canailles,
Courtifans de Madrid, luifans, polis & beaux
Nous vous en fournirons des cocus de Burgos.

Fin du Premier Acte.

ACTE II.
SCENE I.

Isabelle, Beatris.

Isabelle.

Royés-moy Beatris, faites voftre pa-
quet.
Sans penfer m'esbloüir auec voftre ca-
quet,
Ie ne veux plus de vous.

Beatris.

Et du moins que ie fçache
Pour quel mal contre moy ma maiftreffe fe fache.

Isabelle.

Vous ne le fçaués-pas?

Beatris.

Ma foy fi i'en fçai rien,
Ne puiffai-je iamais hanter les gens de bien.

Isabelle.

N'importe, ie vous chaffe.

Beatris.

Comedie.

Beatris.

Et bien donc patience,
Ie n'ay pourtant rien fait contre ma conscience,
Et ie veux si iamais i'ay contre vous manqué
Creuer comme vn boudin que l'on n'a pas picqué:
Tout ce mal cy me vient de quelque ame traistresse,
Et tout mon peché n'est qu'aimer trop ma maistresse
Vraymēt l'on dit bien vray que tousiours les flateurs,
Sont plus crus mille fois que les bons seruiteurs.

Isabelle.

Ouy dame Beatris, vous estes innocente,
Il n'est point dans Madrid de meilleure seruante:
Vous n'auez point ouuert mon Balcon cette nuit,
Vous n'alliés pas nuds pieds pour faire moins de bruit.

Beatris.

Helas ! ie m'en souuiens, c'estoit vostre dentelle
Que i'auois mis seicher dessus vne ficelle,
Et i'eus peur que la nuit on la prit en ce lieu.

Isabelle.

Tous ne parlastes point.

Beatris.

C'est que ie priois Dieu.

Isabelle.

Quoy si haut...

Beatris.

Ie le fais, afin q̄ le Dieu m'entende,
Et la deuotion en est beaucoup plus grande.

C

Isabelle.
Et l'homme qui sauta de mon Balcon en bas,
Estoit-ce ma dentelle?

Beatris.
Ah! ne le croyez pas.

Isabelle.
Ie l'ay veu, Beatris.

Beatris.
Ha ma bonne maistresse,
Il est vray Dom Louis.

Isabelle.
Ah Dieu ce nom me blesse.
Quoy ce fut Dom Louis?

Beatris.
Ouy vostre beau cousin.

Isabelle.
Mon beau cousin, meschāte, & pour quel beau dessein
L'auiez-vous introduit infame, abominable?

Beatris.
Si c'est un grand peché que d'estre charitable,
Vous auez grand suiet de me crier bien fort,
Mais si vous m'escoutiez ie n'aurois pas grand tort.

Isabelle.
Vous parlerez long-temps auant que ie vous croye.

Beatris.
Ne puissiez vous iamais souffrir que ie vous voye,
Si ie ne vous di vray, ce fut donc hier au soir
Que le bon Dom Louis vint icy pour vous voir,

A cause qu'il pleuuoit ie le mis dans la salle,
Ce fut bien malgré moi, car ie crains le scandale,
Mais le drosle qu'il est entra bon gré mal gré,
Tost apres i'entendis cracher sur le degré
Vostre pere Fernand, vous sçauez bien qu'il crache:
Plus fort qu'aucun qui soit dãs Madrid que ie sçache:
Au bruit de ce crachat Dom Louis se sauua
Dedans vostre Balcon qu'entr'ouuert il trouua,
Ie l'enfermois encor lors que vous arriuastes,
Auecque le vieillard tres-long-temps vous causastes
Cependant Dom Louis le Balcon habitoit,
Où de vos longs discours peu content il estoit :
Enfin quand ie vous vis dans le lit assoupie,
Moy qui suis de tout temps encline à l'œuure pie
Ie l'allai deliurer tres-charitablement,
Il me dit qu'il vouloit vous parler vn moment.
Ie dis (nescio vos,) & lui chantai goguette,
Disant, allez chercher vostre Dariolette,
Vn autre l'eust seruy, car il parloit des mieux,
Et ie voyois tomber les larmes de ses yeux:
Mais lors qu'en me coulant en main quelques pistolles
Et qu'en me coniurant de ses belles parolles,
En m'appellant mon cœur, ma chere Beatrix,
Il m'eut mis dans le doigt vne bague de prix,
Ie veux bien l'auoüer, i'eus vne telle rage
Que ie pensay deux fois luy sauter au visage.
Non que tous ses regrets ne me fissent pitié,
Et vrayment ie le tiens de fort bonne amitié:

C 2

Mais dans vos interests ie ne connois personne,
Brebis par tout ailleurs i'y suis vne Lionne,
Et luy si tost qu'il vit que ce n'estoit plus ieu
Que de fine fureur i'auois la face en feu.
Du Balcon sans tarder il sauta dans la ruë
Où i'entendis crier tost apres tuë tuë,
Voila ce grand suiet de mon exclusion,
Et le iuste loyer de mon affection,
Il faut bien que ie sois fille peu fortunée,
Ie fondois mon bon-heur dessus vostre hymenée,
Et si de Dom Iuan qu'on dit estre venu
Mon zelle à vous seruir pouuoit estre conneu
Ie n'esperois pas moins.

Isabelle.

Quoy Dom Iuan encore
Vn homme que ie crains, vn homme que i'abhorre
Apres vn Dom Louis m'est par vous allegué,
Pretendez vous par là me rendre l'esprit gay,
Adieu fille de bien que plus ie ne vous voye.

Beatris.

Au diable Dom Louis, c'est là que ie t'enuoye,
Maudit soit le badaut, & l'amoureux transi,
Le malheureux qu'il me cause tout cecy,
Est-il dedans Madrid fille plus malheureuse?

SCENE II.

Dom Fernand, Beatris, Isabelle.

Dom Fernand.

Qv'auez-vous Beatris, vous faites la pleureuse.
Beatris.
Vostre fille me chasse, & si ie n'ay rien fait
Que luy representer qu'elle doit en effet
Agreer Dom Iuan, parce qu'il le merite,
Et que vous le voulez.
Dom Fernand.
La cause est bien petite
Pour vous mettre dehors, & ma fille a grand tort,
Mais pour vous raiuster ie feray mon effort,
Faites la moy venir, souuent mon Isabelle,
Et cette Beatris ont ensemble querelle,
Tantost c'est pour vn mot de trauers respondu,
Pour vn miroir cassé, pour du blanc respandu,
Souuent aussi ce n'est que pour vne veille,
C'est à dire pour rien, mais i'apperçoy ma fille,
Ce n'est pas la saison de chasser des vallets
Quand il ne faut penser qu'a dances & balets :
Pour moy tout le premier ie veux faire gambade,
Car i'espere auiourd'huy Dom Iuan d'Aluarade.

Ioelet, ou le Maistre valet,
Isabelle.
Esperez, esperez, cét agreable Espoux,
Moi i'espere la mort moins cruelle que vous.
Dom Fernand.
Ie suis donc bien cruel, puis qu'elle est moins cruelle,
Vraiment nostre Isabeau vous nous la baillez-belle.
Ah! que si ie croiois mon esprit irrité,
Vostre ieune museau se verroit souffleté,
Et si ie faisois bien, qu'auec ces deux mains closes
Ie ternirois de lis & fanerois de roses:
Vous voulez volontiers quelque godelureau
Qui methodiquement vous lesche le morueau,
Vn faiseur de recueils, vn debiteur de rimes;
Vn de ces libertins qui causent aux minimes,
Vn plisseur de canons, vn de ces faineans,
Qui passent tout vn iour à nouer des galans,
Ou se faire trainer couchez dans vn carosse,
Si tu luy faisoit playe, ou du moins vne bosse,
Ne ferois ie pas bien? qu'en dis-tu ma raison,
Puis ie oublier sa faute à moins d'estre Oyson?
La Coquine s'en rit & ie veux qu'elle en pleure,
Et moy i'en ris aussi, peu s'en faut ou ie meure,
Quand quelqu'vn pleure ou rit, i'en vse tout ainsi.
Et parce qu'elle rit ie m'en vay rire aussi.
Peste que ie suis sot!
Isabelle.
Ie confesse, mon pere,
Que vous auez raison de vous mettre en colere:

Mais confessez aussi regardant ce tableau
Affreux au dernier point bien loin de sembler beau,
Que ma douleur est iuste alors qu'elle est extréme,
Et qu'il faut bien qu'il soit la brutalité mesme,
Le brutal sur lequel ce marmouset est fait.

Dom Fernaud.

Vous iugez donc d'vn hõme en voyant son portrait,
Souuent vn vilain corps loge vn noble courage,
Et c'est vn grand menteur souuent que le visage,
Il est vray, celuy-cy doit se plaindre de l'art,
Et tout y represente vn indigne pendart,
Ou diable ay-ie pesché ce detestable gendre?
Et comment Dom Fernand a-t'il peu se mesprendre?
Ie pensois bien auoir treuué la pie au nid,
Mais pourtãt, mais pourtãt beaucoup de gẽs m'õt dit
Qu'on estime à la Cour ce Iuan d'Aluarade,
Or bien promettez-moy sans faire de boutade,
Que vous le traitterez par tout ciuilement,
Et moy qui vous promets foy d'homme qui ne ment,
S'il se treuue aussi sot que sa peinture est laide,
A tous ces embarras de donner bon remede:
Mais vne dame vient qui ne se veut monstrer,
Ie voudrois bien sçauoir qui l'aura fait entrer,
Sans venir demander si nous sommes visibles?
Les bourreaux de valets sont tous incorrigibles,
Madame sans vous voir, & sans vous demander
Le nom que vous auez, vous pouuez commander,

SCENE III.

Lucresse, Dom Fernand.

Lucresse.

Ie n'attendois pas moins d'vne ame si ciuile,
Ie viens, ô D. Fernand, chés vous chercher azile,
Mais puis-ie sans témoins vous conter mon malheur?

Dom Fernand.

Ouy-da, retirez-vous.
    Lucresse.
      Fay si bien ma douleur,
Que l'on puisse treuuer quelque excuse à mes fautes.
Non ie ne me plains point du repos que tu m'ostes,
Si ie puis faire voir par mes pleurs infinis,
Que mes yeux ont esté de mon crime punis.
Mes yeux, mes traistres yeux qui recouurēt la flâme.
Qui noircit mon honneur, & me couure de blâme,
Mes traistres yeux de qui les criminels plaisirs
Me feront à la fin exaler en souspirs:
Pleurez donc, ô mes yeux, souspirez ma poictrine.
    Dom Fernand.
Parbleu cette estrangere est de fort bonne mine.

Lucresse.

Et vous mes foibles bras embrassez ces genoux,
Vous ne me verrez point leuer de deuant vous,
Que ie n'aye obtenu le secours que i'espere.

Dom Fernand.

Vous lisez les Romans, & ie vous en reuere,
Ma sotte d'Isabeau n'a iamais leu Romant,
Quant est de moy i'estime Amadis grandement:
Vous n'estes pas personne à qui rien on refuse,
De refuser aussi personne ne m'accuse:
Croyez donc aisément, tout cela supposé,
Qu'il ne vous sera rien de ma part refusé.

Lucresse.

Il faut donc, ô Fernand, que ie vous importune
Du recit de ma race & de mon infortune,
Pour ma race bien-tost vous en serez sçauant,
Car mon pere deffunt m'a dit assez souuent
Qu'il auoit auec vous fait amitié dans Rome,
Et qu'il vous connoissoit pour braue Gentilhomme.

Dom Fernand.

Ces Vers sont de Mairet, ie les sçay bien par cœur,
Ils sont tres à propos & d'vn tres bon autheur,
Tousiours d'vn bon autheur la lecture profite,
Et sçauoir bien des vers est chose de merite.

Lucresse.

Burges est donc la Ville où ie receus le iour,
Mais cette ville aussi vit naistre mon amour,
Et ie dois l'abhorrer, & pour l'vn & pour l'autre,

Helas ! fut-il iamais Destin pareil au nostre !
Car ma mere en trauail quand ie nasquis mourut,
Mon pere de regret quand mon amour parut,
Cruel ressouuenir de ma faute passée
Quand donnerez vous treue à ma triste pensée ?
Diego d'Aluarade est le nom qu'il auoit
Auec beaucoup de soin sa bonté m'esleuoit,
Ie luy fis esperer beaucoup de mon enfance :
Mais helas ! ce fut bien vne fausse esperance,
Mes deux freres n'estoient pas moins de luy cheris,
Car le ciel les auoit traittez en fauoris,
Ie viuois auec eux contente & fortunée,
Mais que l'amour bien-tost changea ma destinée :
Vn estranger qui vint aux festes de Burgos
Fit voir en nos tournois qu'il auoit peu d'esgaux,
Nous nous vismes le soir dedans vne assemblee,
Ie souffris son abord, & i'en fus caiollée,
Ou plustost mon esprit fut par le sien charmé,
Il feignit de m'aimer tout de bon ie l'aimé :
Mais souffrez que mes pleurs vous apprennēt le reste,
Car tout en est honteux, car tout en est funeste,
Puis que mon crime, helas ! vn frere me rauit,
Et que d'affliction mon pere le suiuit.
Moy sans pleurer leur mort, sans rougir de ma flâme,
L'amour auoit banni la raison de mon ame,
I'adorois en esprit mon infidelle Amant
Que i'attenday deux ans à Burgos vainement,
A la fin ie voy bien que ie suis delaissée,

Comedie.

Ie quittay mes parens, & comme une insensée
Maudissant mon amour, souhaittant le trespas,
Pour treuuer ce meschant t'adresse icy mes pas.
Helas ! il m'auoit dit qu'il me seroit fidelle,
Mais qu'on croit aisement alors qu'on se croit belle,
Et que pour s'asseurer d'un cœur comme le sien
La beauté bien souuent est un foible lien :
I'en suis, ô Dom Fernand, un exemple effroyable,
Car pour auoir crû trop un tigre impitoyable,
Qui me prit par les yeux & triompha de moy,
Se déguisant d'un nom aussi faux que sa foy.
Ie me voy deuant vous comme une forcenee,
Maudissant mille fois le iour sa destinée.
Helas ! que contre moy le ciel est irrité,
Puis que tout mon espoir n'est qu'un nom aposté,
Et qu'auec cét espoir iustement ie m'estonne,
Quand ie voy que ce nom n'est connû de personne,
Cependant il est vray qu'il habite ces lieux
L'ingrat, car l'autre iour il parut à mes yeux :
Mais ie ne le pû ioindre, & ie n'ay peu connoistre
Par un nom qu'il n'a pas la demeure d'un traistre,
Que le ciel à mes yeux ne deuroit plus cacher,
Si les pleurs auoient pû iusqu'icy le toucher.
Mais ie m'adresse à vous comme au dernier remede,
Pour treuuer cét ingrat ie demande vostre aide,
Ie sçay bien veu le rang qu'en ces lieux vous tenez,
Qu'il me fera raison si vous l'entreprenez :
Ie n'allegueray point mon pere & sa memoire,

Ie veux vous coniurer par vostre seule gloire,
Et sans vous obliger d'vn langage flateur.
Dom Fernand.
Pour faire court ie suis vostre humble seruiteur,
Et l'ay tousiours esté de monsieur vostre pere,
Il me faisoit l'honneur de m'appeller son frere,
Quant à vous disposez de tout ce que ie puis,
Ma fille taschera d'adoucir vos ennuis.

SCENE IV.
Beatris, Dom Fernand.
Beatris.

Monsieur vostre neueu demande auec instance
De vous entretenir pour chose d'importance
Dom Fernand.
Madame ie reuiens à vous dans vn moment,
Beatris menez la dans mon appartement,
Et qu'on fasse venir mon neueu tout à l'heure,
Cette Dame est la sœur de mon gendre, ou ie meure,
Il me faut presenter s'il voudra bien la voir,
Nous ne laisserons pas de tout nostre pouuoir
De chercher son Amant & la tirer de peine:
Et bien cher Dom Louis quel affaire vous meine,
En quoy puis ie seruir vn si braue neueu?

SCENE V.

Dom Louis, Dom Fernand.

Dom Louis.

Monsieur, vn mien amy m'a mandé depuis peu
Que i'auois sur les bras vne grande querelle,
Ie sçay bien pour chercher vn conseiller fidelle,
Puis qu'il est question d'honneur & de combats
Que m'adressant à vous ie ne me trompe pas.

Dom Fernand.

Au moins ne pouuez-vous en employer vn autre
Qui vous cherisse plus, & qui soit autant vostre
Iusques au desgaisner ie vous le monstreray,
Est-ce par ce billet?

Dom Louis.

Ouy ie vous le liray.

Dom Fernand.

Lisez donc, aussi bien i'ay perdu mes lunettes,
Et n'est pas trop aisé d'en recouurer de nettes.

Dom Louis.

LETTRE.

Le ieune frere de celuy
Que vous auez tué, pour quelques amourettes,
Part de ce pays auiourd'huy
Pour aller en Cour où vous estes:
Ie ne sçay pas pour quel sujet,
Mais ie sçay bien que vous l'escrire
Pour éuiter pareil accident ou bien pire,
Est à moy fort bien fait.

DOM PEDRO OSORIO.

Dom Fernand.
Où fut ce?

Dom Louis.
Dans Burgos.

Dom Fernand.
Estoit ce vn caualier?

Dom Louis.
Ouy de mes grands amis.

Dom Fernand.
En combat singulier.

Dom Louis.
Non ce fut par mégarde, & durant la nuit noire.

Dom Fernand.
Contez moy le destail de toute cette histoire.

Comédie.

Dom Louis.
Vous allez tout sçauoir.
Dom Fernand.
S'entend en peu de mots.
Dom Louis.
Vous vous souuenez bien des festes de Burgos
Pour le premier enfant qu'eut la grande Isabelle
Des Royales vertus le plus parfait modelle,
Vn ami qui faisoit trop d'estime de moi
M'inuita de venir à ce fameux Tournoi
Pour monstrer auec lui nostre valeur commune,
Là contre six Taureaux i'eus assez de fortune,
Dans les autres combats i'eus vn bon-heur égal,
Le soir il me mena voir les dames au bal,
Vne beauté m'i prit, & ie la pris de mesme,
Dans ce commencement i'eus vn bon-heur extréme;
Mais tout ce grand bon-heur à la fin se trouua
Vn des plus grands mal-heurs qui iamais m'arriua
Le l'endemain i'obtins de l'aller voir chez elle,
Mais si ie lui plaisois ie la treuuois fort belle,
Et certes ie l'aimois aussi sincerement
Que peut iamais aimer vn veritable Amant:
Pour faire court, vn soir que nous estions ensemble
I'entens rompre la porte, & ie la voy qui tremble,
Ie me leue, & ie mets mon espée à la main,
Elle preud la chandelle & la souffle soudain,
La porte s'ouure, on entre, on m'attaque, on me blesse
Sans voir ie pousse, pare, & plus d'heur que d'adresse

Iodelet, ou le Maistre valet.

J'en fais d'abord choir vn blessé mortellement,
Puis dans l'obscurité ie m'eschappe aisement.
Helas! le iour d'aprés quelle fut ma tristesse,
Quand le mort se trouua frere de ma maistresse,
Et de plus, ô malheur, dur à mon souuenir,
Ce mesme intime amy qui m'auoit fait venir,
Comment ne sceu-ie point que cette pauure Amante
Depuis deux ou trois mois logeoit chez vne Tante.
Comment ne sceumes nous deuant ce triste iour,
Moy qu'il eut vne sœur, ou luy moy de l'amour,
Mais c'est vous ennuyer d'vne plainte inutile,
Ayant tousiours celé mon nom en cette ville,
J'en sortis aisement sans estre soupçonné,
C'est à vous qui voyez l'auis qu'on m'a donné,
Et qu'en cét embaras qu'asi tout m'est contraire
De me dire en amy tout ce que i'y dois faire,
Ie sçay bien si ie veux des conseils sur ce point
Qu'aucun ne peut donner ce que vous n'auez point,
Que mon homme est icy, ie n'en fay point de doute,
Qu'il tasche à me trouuer, l'apparence y est toute,
Ie ne puis le fuir sans grande lascheté,
Ie ne puis le tüer aussi sans cruauté,
Ie ne puis l'inuiter a se battre sans crime,
Et tout menace ma vie ou mon estime,
Mais on frappe à la porte.

      Dom Fernand.
         Et mesme rudement
Et qui diable ose ainsi heurter insolemment?

SCENE VI.

Beatris, Dom Fernand, Dom Louys, Isabelle.

Beatris.

Mon Maistre cent escus pour si bonne nouuelle,
Et qu'on fasse venir ma maistresse Isabelle,
Vostre gendre est là bas, beau poly, frais tondu,
Poudré, frisé, paré riant comme vn perdu,
Et couuert de bijoux comme vn Roy de la Chine.

Dom Louys.

Vous auez donc ainsi marié ma cousine,
Sans qu'on en ait rien sceu, vous estiez bien pressé.

Dom Fernand.

Oüy.

Dom Louys.

Helas! qu'ce mot m'a rudement blessé.

Dom Fernad.

Beatris vistement que ma fille s'ajuste :
Va donc viste.

Beatris.

I'y cours.

Dom Louys.

Que le ciel est iniuste!

D

56   Iodelet, ou le Maistre valet,
Dom Fernand.
Ha vrayment mon esprit n'est pas mal partagé,
Mon neueu l'agresseur, mon gendre l'outragé :
Comme donc garentir ma maison de carnage ?
Ha ma fille approchez.
Dom Louis.
Que de bon cœur j'enrage.
Dom Iuan.
Allons le receuoir.
Isabelle.
Ou plustost à mort.

SCENE VII.

Iodelet, Dom Iuan, Isabelle, Dom Fernand, Dom Louis.

Iodelet suiuy de Dom Iuan.
Cette Chambre est fort belle, & ie me plairay fort.
Isabelle.
O qu'il estoit bien peint !
Dom Iuan.
O qu'elle estoit bien peinte !
Iodelet s'entre-taillant.
Ce maudit esperon m'a blessé d'vne atteinte.

Comedie.

Dom Fernand.
Soyez le bien venu, monseigneur Dom Iuan.

Dom Iuan.
Respon...

Iodelet.
Le beau pere a de l'air d'vn cha-huan.
Hauſſant la voix.
Et vous le bien trouué.

Iſabelle.
L'agreable figure.

Iodelet.
Quoy touſiours ce vieillard, ô le mauuais augure!
Ie m'en veux deliurer, il me tient trop long-temps.

Dom Fernand.
Mon gendre n'eſt pas ſage, il parle entre ſes dents.

Iodelet.
Vous ſeruez-donc touſiours d'Eſcran à voſtre fille.

Dom Iuan.
Que dis-tu mal-heureux?

Dom Louis.
La demande ciuille.

Iodelet.
Maudy ſoit le facheux.

Iſabelle.
De qui donc parle-t'il?

Iodelet.
Ne puis-ie point de face ou du moins de porfil
Vous gaigner vn moment, ô charmante Iſabelle?

D ij

De grace Dom Fernand que l'on m'approche d'elle,
Ou du moins qu'ō m'e'mōtre ou iābe, ou bras, ou main.

Dom Fernand.
Ma fille avoit raison, mon gendre est un vilain.

Iodelet.
O Dieu qu'en ce pays on est chiche d'espouse,
Ailleurs i'auxois desia des baisers plus de douze
Parbleu ie le verray deussay-je estre indiscret.

Dom Fernand.
O Dieu! qu'il m'a fait mal.

Iodelet.
      Ie vous pousse à regret.
Mais ie suis amoureux équitable beau pere,
Ie vous voy donc en fin, ô beauté que i'espere,
Vous me voyez aussi, mais pourray-je sçavoir
Si vous prenez grand goust en l'honneur de me voir.

Dom Louis.
C'est fort bien debuter.

Dom Fernand.
     O l'impertinent gendre.

Iodelet.
Ils rient tous ma foy, rient-ils de m'entendre,
Est-ce que i'ay tenu quelque propos defait?
Iodelet on n'est pas chez nous si delicat,
Si ie ne suis assis i'en lascheray bien d'autres.
La! seigneur Dom Fernand faites venir des vostres,
Vous estes mal seruy, mais i'y mettray la main.

Comedie.

Dom Fernand.
Mon gendre encor vn coup n'est ma foi qu' vn vilain
Beatris vistement que l'on apporte vn siege.

Iodelet.
Dites moi ma maistresse, auez vous bien du liege?
Si vous n'en auez point, vous estes sur ma foi.
D'vne fort belle taille, & digne d'estre a moi.

Dom Louis.
Le ioli compliment.

Iodelet.
Ce iouuanceau qui cause
Dites moi mon soleil vous est-il quelque chose?
Ou si c'est vn plaisant.

Isabelle.
C'est mon Cousin germain.

Dom Fernand.
Pour la troisiéme fois mon gendre est vn vilain.

Dom Iuan.
Ce beau Cousin germain tous mes soupçons reueille.

Iodelet.
N'auez vous point sur vous quelque bon cure oreille?
Ie ne puis dire quoi me chatouille dedans,
Hier ie me rompi le mien en m'écurant les dents
Quoi vous riez encor.

Dom Louis.
A propos ma Cousine
Vous ne contentez point Monsieur touchant sa mine,

D iij

Il vous a dit tantost qu'il desiroit sçauoir
Si vous preniez grand goust en l'honneur de le voir.

Isabelle.

Ie n'ay iamais rien veu qui luy soit comparable,
Et ie ne pense pas qu'il trouue son semblable;
Et de corps & d'esprit.

Iodelet.

Chacun en dit autant,
Mais les vingt mil escus est-ce en argent contant,
Esclaircissez nous-en, & vuidons cette affaire.

Dom Louis.

Quoy Seigneur Dom Iuan, vous estes mercenaire.

Iodelet.

Tous ceux qui le croiront seront de vrais bados,
Et l'on n'en vit iamais dans les Aluarados.

Dom Louis.

Dans les Aluarados n'auiez-vous pas vn frere?

Iodelet.

Ouy qu'vn lasche assassin occit, mais par derriere.

Dom Iuan.

Si Dom Iuan sçauoit quel est cét assassin,
Il iroit luy manger le cœur dedans le sein,
S'il faut qu'entre mes mains ce detestable tombe,
Le moindre de ces maux est celuy de la tombe :
Ie le deschireroi le traistre à belles dents,
Ie l'irois affronter entre cent feux ardens,
Mais il tuë en voleur, & se cache de mesme.

Dom Louis.

Vrayment de ce valet l'impudence est extréme

Comédie.

Quelqu'un m'a dit pourtant.

Dom Iuan.
Et que vous a-t'on dit?

Dom Louis.
Que ce fut par malheur.

Dom Iuan.
Ce quelqu'un la mentit.
Ce fut en trahison.

Dom Louis.
Vous voyez son audace.

Isabelle.
Qu'avecque sa fureur il conserue de grace.

Dom Louis.
Vous vous emancipez.

Iodelet.
Il n'a pas le cœur bas.

Dom Louis.
Ie vous treuueray bien.

Dom Iuan.
Ie ne vous fuiray pas.

Dom Louis.
Si ce n'estoit le lieu ie vous ferois bien taire.

Iodelet.
Mon valet est vaillant, & quasi temeraire.

Dom Louis.
Quoy mon oncle vn valet.

Dom Fernand.
Et mon Dieu qu'est-cecy?

Iodelet, ou le Maistre valet,
Le beau commencement de nopces.

Iodelet.
                              Mon soucy.
Laissons les quereller, & disons des sornettes,
Ou bien si vous vouliez prendre vos Castagnettes,
Le plaisir seroit grand.

Dom Fernand.
                    Ouy s'en est la saison,
Vous n'auez point encor visité la maison,
Prenez, Monsieur, ma fille, ouurez la galerie
Vistement Beatris, mon neueu ie vous prie,
Allons mes chers amis, allons, qu'attendons nous?

Iodelet.
Ie suis sans compliment.

Dom Fernand.
                    C'est fort bien fait à vous.

SCENE VIII.

Dom Iuan seul.

EN fin dans mes soupçons ie voy quelque lumiere
Ie n'ay plusqu'à trouuer l'assasin de mon frere,
Ie n'ay plus qu'à trouuer mon imprudente sœur,
Ie n'ay plus qu'à trouuer son lasche rauisseur.

Avec ce beau cousin ie n'ay plus qu'à me prendre,
C'est l'hôme du Balcon, l'on vient de me l'apprendre.
I'ay sçeu de son valet tirer les vers du nez,
Ie sçauray bien encor, Amans bien fortunez,
Si vous faites de moy les moindres railleries
Tandis que mon esprit s'abandonne aux furies,
Mesler dans vostre esprit quelque chose d'amer,
Et mesme vous hayr au lieu de vous aimer:
Si ie puis descouurir trop aimable Isablle
Que vous ne soyez pas aussi sage que belle.

Fin du deuxiéme Acte.

ACTE III.
SCENE I.

Dom Louys, Estienne.

Dom Louys.

NE m'importune plus le sort en est ietté.
Estienne.
Vraiment ce Dom Iuan est par vous
bien traitté,
Vous auès abusé sa sœur, tué son frere,
Vous pretendés encore en sa femme.
Dom Louys.

J'espere
En ma perseuerance, en Beatris, en toi,
En mon oncle Fernand, en Isabelle, en moi,
J'espere en Dom Iuan en sa mine importune,
Et plus que tout cela i'espere en la fortune.
Bon voici Beatris.

Comédie.

SCENE II.

Beatris, Estienne, Dom Louys.

Beatris.

Ha monsieur est-ce vous?

Estienne.

Non, c'est le grand Mogor.

Beatris.

Tout beau le Roy des filous.
Ie parle à vostre maistre.

Dom Louis.

Et bien que fais le gendre?

Beatris.

Vous parlez d'un sujet où l'on peut bien s'estendre
Ce beau ieune Seigneur tant-ost qu'on a disné,
A mangé comme vn diable, & s'est débotoné,
Puis dans vn cabinet qui ioint la vieille sale,
S'est couché de son long sur vne natte sale,
Vn peu de temps apres il s'est mis à ronfler,
Ie n'ay iamais ouy Cheual mieux renifler:
Toute les vitre en tremble, & les verres s'en cassent,
Mais si ie vous disois les choses qui se passent.

Dom Louis.

Ma pauure Beatris.

Iodelet, ou le Maistre valet,

Beatris.
Mon pauure Dom Louis.

Dom Louis.
Ouy de toy ie tiens tout le bien dont ie iouis.

Beatris.
I'en dis autant de vous, mais ce n'est qu'en promesse,
N'importe ce n'est pas le gain qui m'interesse.

Dom Louis.
Ha! non, ie veux mourir, demande à ce valet
Si ie n'ay pas laissé mon or sous mon cheuet:
Mais ie reçoy demain quatre ou cinq cens pistolles.

Beatris.
Bien, bien, escoutez donc la chose en trois paroles.
I'ay haste: Dom Fernaud vostre Oncle est enragé,
Et voudroit de bon cœur se voir bien deſgagé,
Vostre chere Isabelle esgallement enrage
Iusques là qu'elle en a souffleté son visage.
Le temps est, ou iamais de iouër vostre ieu,
Il faut battre le fer tandis qu'il est au feu,
Et si vous ne sçauiez bien pescher en eau trouble,
Ie ne donnerois pas de vostre affaire vn double:
Taschez donc de la voir & de l'entretenir,
Promettez comme quand on ne veut pas tenir,
Emploiez hardiment vostre meilleure prose,
N'oubliez pas le lis, n'oubliez pas la rose,
Dites lui bien qu'elle est l'obiet de tous vos vœux,
Pleurez, & souspirez, arrachez des cheueux,
Puis sur vos grāds cheuaux mōté cōme vn S. George,

Dites que pour bien moins on se coupe la gorge,
Que Dom Iuan n'a pas encor ce qu'il pretend,
Qu'en tout cas vous sçauez fort bien côme on se pêd.
Si l'insolent vous nuit, reprenez le modeste,
Inuoquez moy la mort ou pour le moins la peste,
Ne vous estonnez point elle fera beau bruit.
Mais vous sçauez qu'on pert le côbat quand on fuit,
Or si vous en tirez la moindre lacrimule,
Ie vous donne gagné, foy de Beatricule,
Vous rirez Dom Louis de ce diminutif,
Dame nous en vsons & du seperlatif.
Vn certain ieune Autheur qui tasche de me plaire
Quand ie vay visiter mon cousin le Libraire,
M'apprêd tous ces grâds mots, mais adieu ie m'ê fuis,
I'ay causé trop long temps maudite que ie suis,
Car voicy ma maistresse, & son pere auec elle,
Cachez vous en ce coin, & vous Iean de Niuelle
Sauuez vous viftement.

     Estienne.
      Adieu donc faux teston.
  Beatris.
Ie te hasteray bien si ie prend vn baston.

SCENE III.

Dom Fernand, Isabelle.

Dom Fernand.

Pluſtoſt mourir cent fois que fauſſer ſa parolle.
Iſabelle.
Mais mon pere.
Dom Fernand.
Mais quoy vous eſtes vne folle,
Tout ce que vous pouuez ſeulement eſperer,
Eſt que ie pourray bien vos nopces differer:
Car a-t'on veu iamais affaire plus meſlée,
Ma foy i'en ay quaſi la ceruelle felée,
Mon gendre eſt offencé ie le dois eſtre auſſi,
Si c'eſt par mon neueu, que dois-ie faire icy?
Dois-ie abandonner l'vn pour me ioindre auec l'autre?
Ventre de moy, par tout il y va bien du noſtre,
L'vn me teint par le ſang, & l'autre par l'honneur,
Et i'ay beſoin icy d'vn extréme bon heur.
Iſabelle.
Quoy ce fut Dom Louis qui luy tua ſon frere.
Dom Fernand.
Oüy ce fut Dom Louis, & ce qui deſeſpere

La sœur de Dom Iuan m'implore contre luy,
Luy puis-je honnestement refuser mon appuy?
Auiourd'huy mon neueu m'est venu tout de mesme
Dire qu'il a besoin de ma prudence extréme
Contre un homme qu'il a doublement offencé,
Et cét homme est mon gendre, & moy pauure insensé.
Tantost à mon neueu, tantost à ce beau gendre,
Ie ne sçay quel party ie dois laisser ou prendre:
Ouy ma foy i'en suis fou si iamais ie le fus,
Adieu! ie vay taster mon gendre là dessus.

SCENE IV.

Isabelle seule.

ET moy ie vay pleurer ma triste destinée
O Ciel a quel Brutal m'auez vous condamnée
N'estoit-ce pas assez de cette auersion,
Sans me troubler encor d'vne autre passion?
Ouy Ciel c'estoit assez pour estre mal-heureuse,
Mais vous voulés encor que ie sois amoureuse.
Ha! c'est trop me hayr que de me faire aymer
Vn que ie n'oserois à moy mesme nommer.
Toy qui n'est pas pour moy faut-il que ie t'adore,
Et toy pour qui ie suis faut-il que ie t'abhorre.
Et qu'vn troisiesme mal à ces deux maux soit ioint,
Ce Dom Louis qui m'aime, & que ie n'aime poi.

50   Iodelet, où le Maistre valet.

Ouy bien loin de t'aimer ie te hay miserable,
Mais ton mal est grand lo mien est effroyable.
Laisse, laisse moy donc importun Dom Louys
Regarde au prix de moy de quel heur tu iouïs,
Tu n'es que trop vengé de la pauure Isabelle,
Toy qui peut sans rougir te dire amoureux d'elle,
Toy qui peut sans rougir luy descouurir ton feu,
Et tu te plains encor comme si c'estoit peu.
Va, va, console toy, ma fortune est bien pire,
Car i'ayme mal-heureuse & ie n'ose le dire,
Et de plus ie te hay, i'ay ce mal plus que toy,
Et de plus Dom Iuan sera maistre de moy.
Ainsi ie hay, ie crains, & ie suis amoureuse
Auec ces passions puis-je estre bien-heure?
Helas! de tous ces maux qui me deliurera?

SCENE V.

Dom Louys, Isabelle.

Dom Louys.

Moy charmante Isabelle & quand il vous plaira,
Puis qu'enuers Dom Louys vostre humeur est chãgée,
Puis que de Dom Louis autrefois mesprisé,
Le violent amour se voit fauorisé:

Commandez

Comédie.

Commandés donc madame, & bien-tost cette espée
Dans le sang, ô dieux! de Dom Iuan trempée
Vous fera confesser deuant la fin du iour
Que rien n'estoit esgal à vous que mon amour.

Isabelle.

O Dieu me proposer des crimes de la sorte,
Sors d'icy mal-heureux, sors deuant que ie sorte,
D'vne indigne pitié que presque malgré moi
Mesme nom, mesme sang me font auoir pour toi,
Et comment m'aime-tu? si tu me croy capable
D'escouter seulement vn dessein si coupable.
Ah! ne te flatte point dedans ta passion,
Tu ne seras iamais que mon auersion:
Va, va t'en à Burgos faire des perfidies,
Va, va t'en à Burgos iouër tes Tragedies,
Vas-y tromper la sœur, & tuër le germain,
Et me laisse en repos: execrable, inhumain,
Assés grands sont les maux de la pauure Isabelle,
Sans tascher de la rendre encore criminelle.

Dom Louys.

Ha! si iamais.

Isabelle.

Tay toy le plus noir des esprits,
Ou bien ie rempliray la maison de mes cris.

E

SCENE VI.

Beatris, Dom Louys, Isabelle.

Beatris.

HA mon Dieu! parlez bas, Dom Fernand & le gendre
Sont dessus l'Escalier, ils vous pourroient entendre,
Ie ne voy pas comment auec facilité
Dom Louis sortira, car de l'autre costé
Son suffisant valet auec sa bonne mine
Dans la chambre prochaine a ie croy pris racine.

Isabelle.
Et que ferons nous donc?

Dom Louys.
Si i'osois.

Isabelle.
Laisse moy.

Dom Louis.
Si ce valet fascheux.

Isabelle.
Il est bien moins que toy.

Beatris.

Beatris.
Par ma foy ie tremble à chaque membre,
Si vous vouliez pourtant le mettre en vostre chambre

Comedie.

Isabelle.
Où tu voudras, pourueu qu'il soit loin de mes yeux.
Beatris.
Mettez-vous donc vn peu dessus le serieux,
Et m'appellez bien haut effrontée, impudente.
Isabelle.
J'entens bien, cét auis n'est pas d'vne imprudente,
Car i'ay haussé la voix d'vne estrange façon,
Vrayment vous me donnez vn belle leçon,
Estes-vous vne folle, ou ne suis-ie pas sage,
Que vous m'osez tenir vn si hardy langage.
Dom Iuan n'est pas beau, Dom Iuan vous desplaist,
Laissez-là Dom Iuan ie l'aime comme il est.
Ha vrayment Beatris, la sotte si mon pere
Apprend ce bel auis.

SCENE VII.

Dom Fernand, Iodelet, Isabelle, Dom Iuan.

Dom Fernand.

Vous estes en colere.
Isabelle.
C'est pour certain Bijou, qu'on m'a pris ou perdu.

Iodelet, ou le Maistre valet,

Iodelet.

Non, non à d'autres non, i'ay le tout entendu,
Vous ne m'aimez donc pas madame la traistresse,
Et vous me desseruès auprés de ma maistresse,
Ha! loüue, ha porque, ha chienne, ha braque, ha
    loup-garou.
Puisse tu te briser bras, main, pied, chef, cul, cou,
Que tousiours quelque chien contre ta iupe pisse
Qu'auec ces trois gosiers, Cerberus t'engloutisse:
Le grand chien Cerberus, Cerberus le grand chien
Plus beau que toy cent fois, & plus homme de bien.

Dom Fernand.

Retirez-vous d'icy sotte mal-auisée.

Iodelet.

Ne vous en seruez plus ce n'est qu'vne rusée,
Ie vous la garanti telle.

Dom Fernand.

                O Dieu ie meurs de peur
Que ce maistre brutal n'aille trouuer sa sœur:
Il faut le mettre aux mains auecque sa maistresse,
Ie vous quitte vn moment pour affaire qui presse,
Ma fille cependant demeure auprés de vous.

Iodelet.

Bien, bien, allez-vous-en, en dépit du jaloux
Ne pourray-ie sçauoir, ô beauté succulente,
Que t'aime autāt qu'vn oncle, & biē plus qu'vne tāte
Camment dans vostre cœur Dom Iuan est logé,
Ie n'ay pû le sçauoir, & i'en suis enragé.

Comedie. 55
Isabelle.

Pour vous dire la chose avec toute franchise,
Aujourd'huy seulement je suis d'amour esprise,
Je n'avois dans l'esprit devant qu'aversion,
Le desdain seulement estoit ma passion :
Mais helas ! croyez moy depuis vostre venuë,
La flâme de l'amour m'est seulement connuë.
Et bien que mon amour à nul autre second
Doive se resjoüir quand le vostre y respond :
Au contraire je suis dans une peine extréme
De voir que vous m'aimez, & qu'il faille que j'ai-
  me,
Car vostre amour du mien ne peut estre le prix,
Encore que par vous mon cœur se treuve pris,
Bien qu'à vous & chez vous est tout ce que j'adore,
Sçachés pourtãt qu'en vous est tout ce que j'abhorre.
Iodelet.
Ma foy j'entens bien peu ce discours rafiné,
Je connois seulement qu'il est passionné,
Où diable prenez-vous tant de Philosophie?
Isabelle.
Il faut bien envers-vous que je me justifie
Vous doutez de ma flâme, ouy j'aime encor un coup
Ce que j'aime est à vous & je l'aime beaucoup,
Alors qu'en vous voyant, j'apperçois tout ensemble
L'objet de mon amour, & je brusle, & je tremble,
Je brusle de desir, & je tremble de peur,
Vous causez à la fois ma joye & ma douleur :

E iij

Fut il iamais vn mal plus eſtrange & plus rare
Lors que ie le dis, moins quaſi ie le declare,
Et ſi ie le diſois au lieu de m'alleger,
Au lieu de me guerir ie ſerois en danger,
Et quand ſans deſcouurir ou bien cacher ma flame
Ie taſche à deſguiſer ce que ie ſens dans l'ame
En ſe déguiſement ie trouue vn ſort eſgal,
C'eſt à dire par tout ie n'ay rien que du mal.

Iodelet.

I'entens encor moins ce diſcours cy que l'autre,
Ie connoy ſeulement que l'amour le rend noſtre,
Que la pauurete bruſle à noſtre intention,
Depuis que ie vous vis bel Ange tutelaire,
Parbleu pour acheuer ie ne ſçay comment faire,
Approchez mon valet, faites pour moy l'amour,
Puis apres ie viendray la reprendre à mon tour.

Dom Iuan.

Mais Monſieur.

Iodelet.

   Mais faquin vous voudriez peut-eſtre
Me donner des conſeils, ſuis-ie pas voſtre maiſtre ?
Et qui ſçait mieux que vous le bien que ie luy veux,
Et qui pourra donc mieux luy faire ſçauoir gueux ?

Dom Iuan.

Madame i'obey puis qu'on me le commande.

Iodelet.

Qu'il a peur de faillir auec ſa houpelande.

Comedie. 57

Ha, radoucissez-vous sans faire le railleur,
Faites bien les doux yeux, & donnez du meilleur,
Ie m'en vay cependant faire au pres de la porte
Quelques reflexions sur chose qui m'importe.

Beatris.

Comment pourray-ie donc tirer hors de son trou
Ce maudit Dom Louis, male peste du fou?

Iodelet.

Mais n'est ce point aussi Madame son estoille
Qui la pousse sur nous, comme on dit à plain voile?
La fortune ma foy s'yroit rire de moy,
Si m'offrant tel bon-heur ie ne vous l'empaumoy.
Mon maistre que sçait-on peut en estre bien aise,
Mais s'il arriue aussi que cela luy déplaise,
Prenons l'occasion au peril d'vn affront
Par le fin beau toupet qu'elle a dessus le front,
Par derriere elle est chauue & ressemble vne gogue,
Mais qui l'eut iamais dit qu'vn visage de dogue,
Peut donner de l'amour il faut en profiter,
Et quand nous serons seuls ie pretens la tenter,
Resuons vn peu dessus cette presente affaire,
Mon valet vous a t'on mis la pour ne rien faire,
Vous parlez à l'oreille, ha vraiment maistre sot,
Ou vous parlerez haut ou vous ne direz mot.

Dom Iuan.

I'ai creu que parlant haut, ie pourro's vous distraire.

Iodelet.

Non non, parlez tout haut si vous voulez me plaire.

E iiij

Dom Iuan.

Ie m'en vay donc vous dire icy ma passion,
Mais tout ce que ie fais n'est rien que fiction,
Ie ne suis pas icy ce que i'y deurois estre,
Et ce n'est pas ainsi que i'y deurois parestre,
Lors que ie m'imagine obiet charmant & doux,
Le bien qu'aura celuy qui sera vostre espoux :
Mon ame ie l'auouë est de fureur saisie,
En vn mot ie me sens esprits de ialousie
C'est assez vous monstrer que i'ayme auec excez,
Mais qui m'asseurera d'auoir vn bon succez ?

Iodelet.

Ostez-vous vistement ie tiens vne pensée
Qui vaut son pesant d'or si mon ame insensée
Tout ainsi que la mer a son flux & reflux
Pouuoit s'emanciper, ha ! ie ne la tiens plus,
Elle m'est eschapée adorable Isabelle,
Le plaisir que ie prens en vous voyant si belle
M'a seiché la memoire & troublé les esprits,
Ou bien plustost c'est toy maudite Beatris,
Qui me porte guignon, allons viste qu'on gille,
Vous aussi mon valet qui faites tant l'habile,
Qu'on me laisse icy seul.

Isabelle.
    Quoy seul qu'en diroit-on ?

Iodelet.
Et qui peut en parler si ie le trouue bon ?

Comedie.

Isabelle.

Au moins que Beatris.

Iodelet.

Ie n'en veux point démordre.
Vous ne pouuez faillir puisque c'est par mon ordre,
Puis ie n'ay point encore visité le Balcon
Allons y prendre l'air on dit qu'il y fait bon.

Isabelle.

Ouy principalement lors que quelque vent souffle.

Dom Iuan.

Quel diable de dessein peut auoir ce maroufle?
Ie le veux obseruer.

Iodelet.

Allons donc mon soucy.

Isabelle.

Vous me dispenserez, ie ne bouge d'icy.

Iodelet.

Ouy vous ne bougerez? ah! c'est trop de mystere,
Sçauez-vous que ie suis vn homme tres-colere,
C'a donc viste qu'on vienne.

Isabelle.

O Dieu quel insolent!
Quoy me tirer ainsi, vn effort violent,
Et ie puis viure encor, ô fortune cruelle,
Faut-il que ce brutal trouue que ie suis belle,
Et que pour éuiter le peril que ie cours
Le trespas soit le seul qui m'offre son secours.

Iodelet.
Ha! ma Reine de grace.

Isabelle.
O le dernier des hommes,
S'çache si ce n'estoit les termes ou nous sommes,
Que ie t'arracherois & le cœur & les yeux,
Et qu'auec ces deux mains.

Iodelet.
Mais plustost faites mieux,
Souffrez que ie les baise.

Isabelle.
Ha ie suis enragée !
Quoi ie n'estois donc pas desia trop outragée,
Laissons la ce brutal.

Dom Iuan le surprend.
Ha! ha, maistre vilain,
Vous vous ingerez donc de luy baiser la main.

Iodelet.
Moy! c'est qu'elle a baisé la mienne.

Dom Iuan.
Ame de bouë,
Tu railles donc pendart & tu crois que ie iouë,
Infame sac à vin, insolent effronté,
Tu te repentiras de ta temerité.

Iodelet.
Ha mon Maistre!

Dom Iuan.
Ha coquin!

Comedie.

Iodelet.
Ha la teste, ha l'espaule!
Ha de grace Seigneur!

Dom Iuan.
Si i'auois vne gaule,
Ie te ferois crier d'vne estrange façon:
Mon Dieu c'elle mesme.

Iodelet se iettant sur son Maistre.
Et comment beau garçon,
Oses tu deuant moy mesdire d'Isabelle?
Tu ne la trouue donc que passablement belle,
Maistre grimpe potence, & par haut & par bas,
Et de pieds & de mains.

Isabelle.
Ha ne le frappez pas

Dom Iuan.
Ha bourreau!

Iodelet.
Tu sçauras comme les bras se cassent.

Isabelle.
Que vous a t'il donc fait?

Iodelet.
Ce sont chaleur qui passent.
Le voyez vous bien là ce vray gripe-manteau,
Il ne merite pas qu'on luy donne de l'eau,
Tu ne la trouue donc que passablement belle,
Et d'esprit elle n'est aussi que telle quelle.

Iodelet, ou le Maistre valet.

Isabelle.
Il me hait l'ingrat, ha ! c'est pour en mourir.

Dom Iuan.
Ie ne puis differer, ie vay me descouurir:
En fin ie ne suis plus.

Iodelet.
Loin loin d'icy profane,
N'attens plus rien de moy, si ce n'est coups de canne,
Puis-ie pas le chassant retenir son habit?

Isabelle.
Non, non, si i'ay chez vous tant soit peu de credit
Qu'il ne soit point chassé, ce n'est pourtant qu'vn
traistre.

Dom Iuan.
Iamais coquin peut-il plus offencer son maistre,
Et qui eust iamais creu de ce chien de valet.

Iodelet.
Ie vous quitte vn moment mon Ange.

Isabelle.
Iodelet.

Dom Iuan.
Madame.

Isabelle.
Ie rougis & ne sçay que luy dire
Ie vous nommois tantost l'Autheur de mon martyre,
Et i'auois de l'amour pour vous, n'en croyez rien,
Ce n'est qu'à Dom Iuan que ie voulois du mien,
Vous estiez Dom Iuan alors, mais à cette heure
Vous estes Iodelet.

Comédie.

Dom Louys.

Ha madame ie meure,
S'il me peut arriuer iamais vn bien plus doux,
Que de voir Dom Iuan quelque iour vostre espoux.

Isabelle.

Il ne m'aima iamais, i'en suis trop asseurée.

Dom Iuan.

Iamais chose de moi ne fut plus desirée,
I'y mets toute ma gloire & mon ambition.

Isabelle.

Vous estes donc content, car c'est ma passion.

Dom Iuan.

Oüy ie serois content trop aimable Isabelle,
Si i'estois asseuré que vous fussies fidelle:
Mais helas! iusqu'ici tant mon mal-heur est grand,
Tout semble vous conuaincre, & rien ne vous deffend.

SCENE VIII.

Beatris, Isabelle.

Beatris.

IE s'en est allé, le mignon de couchette,
Ie pourrai maintenant tirer de sa cachette
Le Seigneur Dom Louis.

Iodelet, ou le Maistre valet,
Isabelle.
L'as-tu bien veu sortir?
Beatris.
Il n'en faut point douter.
Isabelle.
Va le faire partir,
Et me vient retrouuer au iardin.
Beatris.
Mal-heureuse.
Ne voy-ie pas sortir cette Dame pleureuse,
A qui diable en veut donc ce fantosme hideux,
Peste soit de la Dame, & du sot d'amoureux.

SCENE IX.

Lucresse, Dom Louys.
Lucresse.

CE procedé nouueau me surprend & m'estonne,
C'est mal me proteger alors qu'on m'abandonne
Je réuiens, m'a-t'il dit, à vous dans vn moment,
Et comme si c'estoit trop de ce compliment,
Et de m'auoir donné sa chambre pour azile,
Il est peut estre allé se diuertir en ville:
Je vient tout maintenant d'oüir des gens parler,
Crier fort haut, se battre, & se bien quereller:
Tout cecy me paroist de fort mauuais augure,
Mais ie leur veux monstrer vne autre procedure,

Comédie.

Ie prendray congé d'eux auant que de sortir,
Ie ne puis faire moins que les en auertir:
Ie pense que voila la chambre d'Isabelle,
Elle est ouuerte, entrons, & prenons congé d'elle,
Mais i'y voy, ce me semble, vn homme, ô Dieu c'est luy!
Ie ne puis l'éuiter.

Dom Louis.

Ie pense qu'auiourd'huy
Beatris a dessein de faire icy mon giste,
Mais, ô chere Isabelle, où courez-vous si viste?
Ie ne suis pas icy pour vous persecuter:
Quoy vous ne voulez pas seulement m'escouter,
Et cependant pour vous nuit & iour ie souspire.
Helas! ie n'ay qu'vn mot seulement à vous dire,
Vous m'aués enuoyé tantost faire à Burgos
Des crimes assez noirs pour n'auoir point d'esgaux.
Vous m'aués reproché ma flâme criminelle,
Comme si ie treuuois quelque autre fille belle,
Apres vous auoir veuë, ou celle, que i'y vy
Dont pour passer le temps ie me feignis rauy,
Ne posseda iamais que des apas vulgaires.
Qu'elle estimoit beaucoup, & qui ne l'estoient gueres
Pour vous le tesmoigner mon nom ie lui feigni,
Et ce fut par pitié que ie me contraigni
A passer quelques nuits deuisant auec elle,
Ie n'en ay depuis eu ny demandé nouuelle,
D'en sçauoir ce n'est pas auiourd'hui mon souci.

68 Iodelet, ou le Maistre valet,
Lucresse ouurant son voile
Ha! ie t'en veux apprendre infame, la voicy,
Celle qui n'eut iamais que des appas vulgaires,
Celle qui t'aimoit tant & que tu n'aimois gueres,
Qui te hait maintenant, & qui te hayra.
Qui morte, ou viue, aimée ou mesprisée ira
Te reprocher par tout amant impitoyable,
Que ne t'ayant rien fait que n'estre pas aymable,
Tu la deuois laisser pour ce qu'elle valoit,
Sans feindre de l'aimer, ou y traistre il le faloit,
Et ne l'appeller pas & ton ame, & ta Reine.
Helas! i'aurois un frere, & ie serois sans peine,
Au lieu que ie me voy par cette trahison
Sans honneur, sans appuy, sans frere, & sans maison
Tu pense m'eschapper homicide pariure,
Au secours, à la force.
    Dom Louis.
     Ha! madame ie iure
Que vous serés contente.
    Lucresse.
    Ame double & sans foy.

SCENE X.

Dom Iuan, Lucresse, Dom Louis.

Dom Iuan.

Quel desordre est cecy?

    Lucresse.

Comedie.

Lucresse.
Dieu qu'est-ce que ie voy?

Dom Iuan.
N'est-ce pas la ma sœur?

Lucresse.
N'est-ce pas la mon frere?

Dom Iuan.
Et l'vn & l'autre obiet me met tant en colere.

Dom Louys.
A qui donc en veut-il?

Dom Iuan.
Ie suis tout asseuré
Du crime de ma sœur, ie n'ay pas aueré
Tout a fait mes soupçons, commençons donc par elle:
Mal-heureuse.   Lucresse.
Ha Seigneur!

Dom Louis.
I'entreprend sa querelle,
Encore quelle cherche à se venger de moy:
Mais quel droit pretens-tu sur elle?

Dom Iuan.
Ie le doy.

Dom Louis.
Toy n'es-tu pas valet?

Dom Iuan.
Dom Iuan est mon maistre,
Son honneur & le mien.

Lucresse.
Il se celle peut-estre.

F

Iodelet, ou le Maistre valet,

Auec quelque dessein.

Dom Louis.

Quoy me voir queller
Deux fois par vn valet.

Dom Iuan.

Ha ! non pour s'en aller,
C'est ce que ie ne veux, & ne dois pas permettre.
Mais en cette maison qui vous a donc pû mettre,
Et pourquoy tant de cris?

Lucresse.

Vous allez tout sçauoir,
I'entrois dans cette chambre, & c'estoit pour y voir
Isabelle, i'ay veu cét homme, ce me semble,
Qui m'a paru surpris, i'en encore i'en tremble!
A quelle intention il s'y vouloit cacher,
Ie ne sçay, le voyant sortir pour l'empescher,
I'ay crié mais ie croy que sans vostre venuë.

Dom Iuan.

C'est assez, c'est assez, mon offence est connuë,
Ie veux fermer la porte.

Lucresse.

Helas ! ie meurs de peur.

Dom Iuan.

Il faut, O Dom Louis, faire voir sa valeur.

Dom Louis.

Tu mourras de ma main.

Dom Iuan.

Ie vous tiens.

Comedie. 69

Lucresse.
Ie suis morte.

Dom Louys.
On frappe, on vient à nous.

Dom Iuan.
Acheuons, il n'importe.

SCENE XI.

Dom Fernand, Lucresse, Dom Iuan,
Dom Louis, Isabelle.

Dom Fernand dehors.

IL faut enfoncer.

Lucresse.
Ie seray bien d'ouurir.

Dom Iuan parlant bas à sa sœur.
N'ouure pas, si par toy l'on peut me descouurir.

Lucresse.
Ha Seigneur, Dom Fernãd, appellez tous les vostres.

Dom Fernand.
Arrestez par la mort, le premier de vous autres,
Qui rengainera, ie seray contre luy :
O Dieu que d'embarras m'accablent auiourd'huy,
Qui vous a mis icy, mon Neueu, vous Lucresse?
Qui vous a descouuerte, & vous quel mal vous presse?
Qui n'auez fait encore icy que quereller?

F ij

Dom Louys.
Vous allez tout sçauoir.
Dom Iuan.
Non laissez moy parler,
Ie le sçay mieux que luy; mais il faut que ie sçache
Si ce n'est pas ceans que Lucresse se cache,
Si Dom Louis n'est pas parent de la maison.
Dom Fernand.
Ouy l'vn & l'autre est vray.
Dom Iuan.
N'est-ce pas la raison
Qu'vn valet dans l'honneur d'vn maistre s'interesse,
Lors que dans son honneur on l'attaque, on le blesse,
Dom Fernand.
On ne le peut nier.
Dom Iuan.
Escoutez si i'ay tort,
Ie suis icy couru que l'on crioit bien fort,
Lucresse auoit trouué sans doute a l'insceu d'elle
Dom Louis dans la chambre où se couche Isabelle,
Ie l'ay veuë esplorée aux prises auec luy,
Il faut qu'il ait esté caché tout auiourd'huy:
Car ie n'ay pas leué l'œil de dessus la ruë,
Et l'on n'a pû sortir sans passer à ma veuë.
Dom Louis.
Ha! c'est pour vn valet trop de rafinement.
Dom Iuan.
Ie ne suis pas au bout, il faut asseurement
Mon Maistre estant espoux de Madame Isabelle,
Qu'il se treuue offencé pour Lucresse ou pour elle;

Comedie.

Il pourroit bien encor l'estre pour toutes deux,
Ie ne puis donc manquer en cas si outeux.
Puis qu'en toutes les deux il peut aller du nostre
D'acheuer Dom Louis, ou pour l'vn ou pour l'autre.

Dom Louis.

D'acheuer, tu n'as pas encore commencé.

Dom Fernand.

Arrestez Dom Louis, estes vous insensé?
Iodelet, ha voicy la plus estrange affaire
Dont on a ouy parler.

Dom Iuan.

Vous n'y pouuez rien faire?
Il faut que ie le tuë.

Dom Fernand.

Ha mon cher Iodelet,
Remettez vostre espée.

Isabelle.

Il faut que ce valet
Soit ialoux pour son maistre, & la chose est nouuelle.

Dom Iuan.

On ne sçauroit iamais vuider nostre querelle,
Mais pour l'amour de vous i'ose bien hazarder
Vn moyen qui pourra les choses retarder,
C'est que vous me fassiez chacun vne promesse.
Vous Seigneur Dom Fernand de remettre Lucresse
Au pouuoir de son frere alors qu'il le voudra
Vous Seigneur Dom Louis alors que l'on pourra,
De vous coupper la gorge auec Dom Iuan mesme.

F iij

Iodelet, ou le Maistre valet,

Dom Louis.
Quant à moy ie ne puis sans vne peine extréme
Prendre ou donner parole à des gens comme toy.

Dom Iuan.
Sçachez que Dom Iuan n'est pas autre que moy,
Si ce n'est que bien-tost Dom Iuan vous assomme,
Vous sçauez si ie suis ou puis estre vostre homme.

Dom Fernand.
Ouy nous vous promettons ce que vous desirez.
Mon Neueu.

Dom Louis.
Ie feray tout ce que vous voudrez
Ie donne ma prrole.

Dom Iuan.
Et il donne la mienne
Que ie n'auance rien que Dom Iuan ne tienne.

Dom Louis.
Ie n'ay donc qu'à chercher vostre Maistre demain.

Dom Iuan.
Vrayment vous n'aurez pas à faire grand chemin.

Dom Fernand.
Ie m'en voy le chercher.

Dom Iuan.
Vous y pourray-ie suiure?

Dom Fernand.
Ouy, venez.

Dom Iuan.
I'ay bien peur que nous le trouuions yure.

Fin du troisiéme Acte.

ACTE IV.
SCENE I.
Lucresse, Isabelle.

Lucresse.

Vostre ciuilité m'est icy bien cruelle,
Laissés-moy, laissés-moy sortir belle
Isabelle.

Isabelle.

Et quoy vous pensiés donc ainsi nous eschapper,
Le bon homme n'est pas si facile à tromper,
Il s'en est bien douté, mais tantost il espere
De vous racommoder auecque vostre frere,
C'est vne affaire aisée ou ie me trompe fort.

Lucresse.

Mon frere ne se peut fléchir que par ma mort,
Deliurés-vous plustost de cette infortunée,
Ses pleurs s'accordent mal auec vostre hymenée :
Car vous diray-ie enfin la chose comme elle est,
Dom Iuan n'est rien moins que ce qu'il vous paroist.

F iiij

Iodelet, ou le Maiſtre valet.

Iſabelle.

Ha! le voicy venir, cachez vous ie vous prie,
Vous n'auez qu'à paſſer dans cette galerie,
Pour gagner le iardin où ie vous vay trouuer,
Cependant ie me cache icy pour l'obſeruer.

SCENE II.

Iodelet ſeul & en s'écurant les dents.

Iodelet.

Soyez nettes mes dents, l'honneur vous le com-
  mande,
Perdre les dents eſt tout le mal que i'aprehende.
  L'Ail ma foy vaut mieux qu'vn Oignon,
  Quand ie treuue quelque mignon,
  Si-toſt qu'il ſent l'Ail que ie mange,
  Il fait vne grimace eſtrange,
  Et dit la main ſur le roignon,
  Fi cela n'eſt point honorable,
  Que beny ſoyez-vous ſeigneur,
  Qui m'auez fait vn miſerable
  Qui prefere l'ail à l'honneur.
Soyez nettes mes dents, &c.
  Que ce fut bien fait au deſtin
  De ne faire en moy qu'vn faquin.

Comédie.

Que iamais de rien ne s'offense,
Ma foy i'ay raison quand ie pense
Que plus grand est l'heur du gredin,
Ni que du Prelat en l'Eglise,
Ni que du Prince en un Estat,
D'estre peu beaucoup ie me prise,
Il n'est rien tel qu'estre pied plat.

Soyez nettes mes dents, &c.

Quand ie me mets à discourir
Que le corps enfin doit pourrir,
Le corps humain où la Prudence
Et l'honneur font leur residence,
Ie m'afflige iusqu'au mourir,
Quoy cinq doigts mis sur une face,
Doiuent-ils estre un affront tel,
Qu'il faille pour cela qu'on fasse?
Appeller un homme en duel.

Soyez nettes mes dents, &c.

Vn Barbier y met bien la main,
Qui bien souuent n'est qu'un vilain,
Et dans son mestier un grand asne,
Alors que tel Barbier vous raze,
Il vous gaste un visage humain,
Pour toy ne t'en veux tu pas battre,
Toy qu'un soufflet choque si fort
Que tu t'en fais tenir à quatre,
Vn souffleté vaut bien un mort?

Soyez nettes mes dents, &c.

Iodelet, ou le Maistre valet,
Pour moy i'estime moins qu'vn chien,
Celuy qui n'aime icy bas rien,
Que botte en tierce ou bien en quarte,
Ou cheual qui de la main parte,
Ou pistolet qui tire bien,
Faut-il qu'en duels on abonde
Pour quelque injure que ce soit
Six coups de baston sont au monde
Qui font mal quand on les reçoit?
Soyez nettes, &c.
Messieurs les lions rugissans,
Qui tout allez esclaircissant
Au gré de vostre iaune bille,
Sçachez qu'aux champs comme à la ville,
Vn souflet vaut mieux que cinq cens,
Puisque souflets les deshonorent,
Ou les hommes sont insensez,
Ou Messieurs les viuans ignorent,
Que's sont Messieurs les trespassez.
Soyez nettes mes dents l'honneur vous le commande,
Perdre les dents est tout le mal que i'apprehende.

SCENE III.

Beatris, Iodelet.

Beatris.

HA seigneur D. Iuan l'on vous a bien cherché.
Iodelet.
L'on me deuoit trouuer, ie n'eſtois pas caché,
Et qui ſont ces chercheurs?
Beatris.
     L'vn eſt voſtre beau pere,
Et l'autre Dom Louis fils de ſon deffunt frere,
Voſtre valet en eſt auſſi.
Iodelet.
       I'eſtois allé
Chez vn amy manger d'vn pied de bœuf ſallé,
Où i'ay trouué d'vn Ail qui ſent bien mieux que
 l'Ambre:
Quelle clef tenez-vous?
Beatris.
      Celle de voſtre chambre,
Dom Fernand vous deſtine vn autre apartement
Où vous ſerez bien mieux & plus commodement.
Iodelet.
Pourquoy ce changement?

Beatris.
           Il craint la medisance,
Et vous ne pouuez pas auecque bien-seance,
Coucher prés de sa fille.
           Iodelet.
                    Ha! chere Beatris.
Sçay tu bien que pour toy ie suis d'amour espris,
De tout temps ie me treuue enclin aux Beatrisses,
Pour toy ie couue vn feu plus chaud que des espices.
           Beatris.
Moy i'aime de tout temps les Seigneurs Dom Iuans,
Et ie sentis mon mal quand vous vinstes ceans.
           Iodelet.
Follette, Dieu me sauue.
           Beatris.
           Ha prenez-la donc viste.
           Iodelet.
Mais vient donc me mener iusqu'à ce nouueau giste.
           Beatris.
Tarare suiuez-moy, i'y vay tout de ce pas.
           Iodelet.
Larronnesse des cœurs tu n'eschaperas pas ;
Las faut-il donc pour vous que nostre poictrine arde,
Si vous n'estes pour nous qu'vne Nimphe fuyarde,

SCENE IV.

Isabelle, Beatris.

Isabelle.

Quoy Seigneur Dom Iuan, vous courés Beatris.

Iodelet.

Ie voulois tant soit peu m'esbaudir les esprits.

Isabelle.

Ie ne vous croyois pas de si peu de courage.

Iodelet.

Ce sont jeux de garçon qui passent auec l'aage.

Isabelle.

Vous donnerez de vous mauuaise opinion,
Et ie dois bien douter de vostre affection.

Iodelet.

Allez-vous-en filer nostre espouse future,
Plus grand Dame que vous est Madame Nature,
Ie suis son seruiteur, & le fus de tout temps,
Et nargue pour tous ceux qui n'en sont pas contens.

Isabelle.

Ie vay donc vous laisser de peur de vous desplaire.

Iodelet.

Objet charmant & beau vous ne sçauriés mieux faire:
Ma foy ie m'y suis pris de mauuaise façon,
Car ie sçay que son cœur ne fut iamais glaçon.

Aristote a raison, qui dit qu'vne maraude
Ne se doit point prier, mais qu'il faut à la chaude
La griper aux cheueux, la saisir au collet,
Quelquefois l'affoiblir auec vn beau soufflet,
Si soufflet ne suffit, vser de la gourmade,
Si la gourmade est peu, lors de la bastonnade,
Tout homme de sens doit, se dit-il, vser
Pour la mettre en estat de ne rien refuser,
Mais autre censeur vient de mes censeurs le pire.

SCENE V.

Dom Fernand, Iodelet.

Dom Fernand.

IE vous cherche par tout Dom Iuan.

Iodelet.

Que desire
L'équitable Fernand de son humble valet?

Dom Fernand.

N'auez-vous rien appris de vostre Iodelet?

Iodelet.

Non, mais deuant la nuit ie le verray possible.

Dom Fernand.

C'est pour vous proposer chose assez mal plausible.

Comedie.

Iodelet.

Quelle est donc cette chose?

Dom Fernand.

Il faut absolument
(Pensez bien qu'à regret.)

Iodelet.

Que faut-il? vistement

Dom Fernand.

Aller à la campagne.

Iodelet.

Est-ce tout que m'importe?

Dom Fernand.

Ouy, mais c'est pour vous battre.

Iodelet.

Ha, non en cette sorte
Il m'importe beaucoup, mais si sans resister
Ie veux vous obeyr à quoy bon m'irriter?

Dom Fernand.

Parce qu'on vous a fait une offense mortelle.

Iodelet.

Dom Fernand vous monstrez icy peu de ceruelle,
Il faut que vous soyez certes un Maistre fou.

Dom Fernand.

Courage Dom Iuan, mais puis-ie sçauoir d'où
Vous pouuez inferer que ie ne sois pas sage?

Iodelet.

De venir sottement m'auertir d'vn ouurage
Que ie ne sçauois point, & ne voulois sçauoir.

Dom Fernand.
Apprenés en cela que i'ay fait mon deuoir,
Et que si vous voulés vous acquitter du vostre,
Il faut sans vous seruir de la valeur d'vn autre
Auiourd'huy s'il se peut voir l'espée à la main,
Celuy qu'on sçait auoir tué vostre germain,
Il le tua la nuit, soit hazard, soit vaillance
Vous deués viflement en faire la vengeance.

Iodelet.
Fut-ce la nuit?

Dom Fernand.
La nuit!

Iodelet.
Se batte qui voudra,
Puisque sans voir il tuë alors qu'il me verra
Que pourrois-ie durer contre vn tel matamorre,
Et de plus voulés-vous que ie vous dis encore
L'auantage qu'auroit ce dangereux garçon?
C'est que cét enragé sçait desia la façon
Dont il faut depescher ceux de nostre lignage.

Dom Fernand.
Pensés-vous Dom Iuan auoir bien du courage?

Iodelet.
Ouy-da i'en ay beaucoup, & n'on ay que du bon,
Dittes-moy seulement où le trouuera-t'on?
Est-il bien loin d'icy? se fera-t'il attendre?
Sçaués-vous son logis? le pourra-t'on apprendre?
Et son nom quel est-il?

Dom

Comedie.

Dom Fernand.

Dom Louis de Rochas.
Iodelet.

Quoy c'est vostre neueu, ie ne me bas donc pas
Puis qu'il a vostre nom qui m'est si venerable,
Cette qualité m'est assez considerable,
Pour me mettre à ses pieds où ie le treuueray,
Et si vous le voulez, mesme ie l'aymeray.

Dom Fernand.

Ce n'est pas tout encor vne seconde offence
Vous deuroit contre luy porter à la vengeance,
Vostre sœur a suiet de s'en plaindre bien fort.

Iodelet.

Ie veux qu'en offençant ma sœur il a eu tort.
Mais ie suis de serment, & n'en déplaise aux Dames
De ne prendre iamais querelle pour des femmes.

Dom Fernand.

Vous estes vn poltron, ou ie me trompe bien.

Iodelet.

Au beau pere cela ne doit toucher en rien.

Dom Fernand.

Aprenez neantmoins que tout cecy me touche.

Iodelet.

Beau pere trop hargneux, beau pere trop farouche,
Beau pere assassinant, & beau pere eternel
Qui me viens proposer vn acte criminel
Que vous a desia fait vn miserable gendre
Que vous taschez desia de voir son sang respandre?

G

Iodelet, ou le Maistre valet,
Monseigneur Belzebut qui vous puisse emporter,
Vous auroit-il chargé de me venir tenter,
Si le danger n'estoit que d'vn simple homicide,
Mais vous voulez sur moy voir vn gendricide
Et le faire deuant la consommation,
Et certes Dom Fernand tres cruelle action.

Dom Fernand.
Vostre valet tantost a donné sa parolle
De se battre pour vous.

Iodelet.
Qu'il la tienne le drosle,
Ie ne suis point ialoux de le voir plein de cœur.

Dom Fernand.
Vous ne vous battez point pour frere ny pour sœur.
Iodelet.
Il faut estre en humeur, pour se battre, & ie meure,
Si i'y fus iamais moins que i'y suis à cette heure.
Dom Fernand.
Ie vous croyois vaillant, ie me suis bien trompé.
Iodelet.
Quand d'vn glaiue tranchant ie seray découpé
Qu'en sera mieux ma sœur, qu'en sera mieux mõ frere,
Laisse moy donc en paix, homme, singe ou beau pere.
Dom Fernand.
Vous n'auez qu'à chercher autre femme à Madrid.
Iodelet.
Que vous eussiez aimé pour vostre gendre vn Cid
Qui vous eust assommé pour espouse Chimene.

Comedie.

Dom Fernand.

N'attendés plus de moy que mespris & que haine,
O le plus grand poltron qui iamais ait esté.

Iodelet.

Ie suis, ô Dom Fernand, de vostre cruauté,
Malgré vos noires dents seruiteur tres fidelle,
Et ie le suis aussi de Madame Isabelle.

Dom Fernand.

Ie ne suis point le vostre & hors de ma maison
Ie vous forcerois bien à me faire raison.

SCENE VI.

Dom Iuan, Dom Fernand, Iodelet.

Dom Iuan.

Qv'auez-vous Dom Fernand qui vous met en colere?

Dom Fernand.

Ce gendre mal choisi.

Iodelet.

Parlez mieux mon beau pere.

Dom Fernand.

Esloignons nous de luy, ce gendre donc maudit
Vous desauouë en tout, & m'a nettement dit
Qu'il n'estoit point d'auis de venger son offence,
Et qu'il ne fut iamais enclin à la vengeance,

G ij

Mesme il m'a quasi dit qu'il a perdu le cœur,
Faites luy revenir, sauuez luy son honneur,
Trop fidelle valet d'vn trop timide maistre,
Monstrez luy viuement quel homme il deuroit estre,
Qu'estant de Dom Louis doublement outragé,
C'est l'auoir bien seruy que l'auoir engagé,
Quoy que son ennemy soit homme redoutable,
Que cette offence aussi n'est guere supportable :
Monstrez-vous bon amy, monstrez-vous bon valet,
Inspirez-luy du cœur valeureux Iodelet :
Ie sçay bien qu'en cecy i'ay quelque part à prendre,
Mais touchât mon deuoir on ne peut rien m'apprêdre,
Si i'estois offencé comme luy doublement,
On verroit Dom Fernand agir tout autrement,
En fin n'oubliez rien afin qu'il s'éuertuë,
Son ennemy l'attend au bout de cette ruë,
Qui s'imaginera qu'on le redoute fort
Ie m'en vay le treuuer.

     Dom Iuan.
         Mais de quel autre tort
Mon maistre Dom Iuan doit-il tirer vengeance ?
     Dom Fernand.
Il vous apprendra tout, le voicy qui s'auance.
     Dom Iuan.
Or ça mon Iodelet, dy moy sans rien changer
Quels outrages nouueaux auons-nous à venger ?

SCENE VII.

Iodelet, Dom Iuan.

Iodelet.

S'En est-il en allé?

Dom Iuan.

Ouy.

Iodelet.

Tant mieux que ie meure.
S'il ne m'a quasi fait enrager tout à l'heure,
Seigneur il n'est plus temps de se plus déguiser,
Le faire plus long-temps ce seroit niaiser,
Dom Louis en feroit vne piece pour rire,
Mais l'auez-vous pour moy deffié.

Dom Iuan.

Sans luy dire
Que i'estois Dom Iuan, ouy ie l'ay deffié,
Et ma foy ie m'estois tousiours bien deffié,
Que ce ieune galand caioloit Isabelle,
En fin ie l'ay treuué tantost caché chez elle,
Et sans vn accident que ie te dois celer
Nous nous fussions batus au lieu de quereller,
Et ie n'ay seulement l'affaire differée,
Qu'attendant que ie voye vn p..u mieux auerée

Une chose qui n'est encore en mon esprit
Qu'un suiet de soupçon de rage & de despit,
Car en fin ce peut estre un coup de temeraire,
Un tour de Beatris, que l'argent a fait faire,
Puis i'ay quelques raisons pour croire asseurement
Qu'Isabelle en cecy ne trempe nullement.

Iodelet.

Monsieur ce n'est pas tout que vostre ialousie,
Autre chose vous doit broüiller la fantaisie.
Dom Louis en l'honneur vous offence bien fort,
De vous expliquer mieux la chose, i'aurois tort,
Elle ne peut quasi s'entendre ny se dire,
L'un & l'autre l'augmente, & la rend tousiours pire.

Dom Iuan.

Ha! ne me l'a dit point, ie la devine assez,
Mais que tous mes malheurs & presens & passez
Se bandent contre moy, i'ay pour moy mon courage,
Et qui le sçait encor?

Iodelet.
Tout le monde.
Dom Iuan.

Ha! i'enrage,
Ha! maintenant fureur ie m'abandonne à vous,
Et Dom Fernand, est-il pour nous ou contre nous?

Iodelet.

Dom Louis est son sang, mais pour l'honneur du vostre
Il fait ce qu'on ne fit iamais pour pas un autre,
Il veut que Dom Louis vous en fasse raison,

Comedie.

Et Dom Louis m'attend prés de cette maison,
Qui me croit Dom Iuan.

Dom Iuan.

Il faut que ie le tuë,
Mais on est bien souvent separé dans la ruë,
Les combats de pavé sont moins guerre que paix,
C'est à quoy ie ne puis me resoudre iamais.
I'azarde ma vengeance allant à la campagne,
On n'y fait quasi plus de combat en Espagne,
Qu'on ne conte la chose autrement qu'elle n'est
Et ce lieu de combat moins que l'autre me plaist
Si dans quelque maison quoy que contre la mode.

Iodelet.

Attendez ie vous trouve une place commode,
Ie tiens icy la clef d'un bas appartement,
Où nous devons coucher là tres commodement
Vous vous pourrés vêger presqu'aux yeux d'Isabelle,
Sans qu'il en soit rien sçeu que de son pere ou d'elle.

Dom Iuan.

Ha! mon cher Iodelet, que tu l'as bien choisi,
Va viste le trouver.

Iodelet.

Mais plustost allez y
Il est temps ou iamais qu'on sçache qui vous estes,
Comment pretendez-vous faire ce que vous faites,
Et passer pour valet, allez, allez Seigneur,
Vous descouvrir, vous battre & venger vostre hon-
neur.

Iodelet, ou le Maiſtre valet.

Dom Iuan.

Quoy ſi par vn effet de pure ialouſie
Pour vn ſimple ſoupçon né dans ma fantaiſie
I'ay deguiſé mon nom, veux-tu pour vn affront,
De qui le moindre mal eſt de rougir mon front,
Que ie m'aille monſtrer, ah pluſtoſt ie te prie,
Si tu n'aime mieux voir Dom Iuan en furie,
Souffre encore mon nom qui ne t'offence en rien,
Vne offence eſt bien pire, & ie la ſouffre bien.

Iodelet.

Vous me l'ordonnez donc.

Dom Iuan.

Meſme ie t'en coniure.

Iodeler.

Il vous faut obeïr, mais ſi par auanture,
Comme les hommes ſont ſouuent impatiens
Il vouloit dégaigner deuant qu'eſtre ceans,
Que ſera Iodelet qui n'aime point la guerre,
Et qui ſe plaiſt bien fort au ſejour de la terre.

Dom Iuan.

Fay luy ſigne de loin, il ne manquera pas
De te venir trouuer : & toy d'vn meſme pas
Tu me l'ameneras en cette chambre baſſe.

Iodelet.

Autre difficulté mon eſprit embaraſſe,
S'il eſt court de viſiere.

Dom Iuan.

Ha! c'eſt trop diſcourir

Comedie.

Iodelet.

Ce dur commandement terriblement me choque,
Mais Seigneur gardez-vous sur tout de l'équiuoque,
Discernez Iodelet d'auecque Dom Louis,
On a souuent les yeux de colere esblouis,
Et si sans y penser deuant Dom Louis i'entre,
Et que sans y penser vous me perciés le ventre,
Me disant Iodelet, ma foy i'en suis marry,
Ie seray tout à l'heure & content & guery.

Fin du quatriéme Acte.

ACTE V.
SCENE I.

Beatris entre par vne petite porte, vne chandelle à la main.

Beatris.

Pleurez, pleurez mes yeux l'honneur vous
  le commande,
S'il vous reste des pleurs donnez m'en
  i'en demande.
Ie viens d'allumer ma chandelle,
La nuit noire comme du geais
Vient d'arriuer pompeuse & belle
Plus que ie de la veis iamais,
De ses Damoiselles suiuantes
Les estoiles estincelantes,
Elle traine vn brillant troupeau,
Que ses seruantes sont heureuses,
Si d'vn valet qui se croit beau
Elles ne sont point amoureuses.
Pleurez, pleurez mes yeux, &c.
Estoilles luisantes & nettes
Si vous en aimiez comme moy,

Comedie.

Toutes celestes que vous estes
Vous enrageriez sur ma foy,
Tantost ce Grenadin, ce Mora
Comme du feu qui me dénore
Ie luy contois la cruauté,
M'a dit que ie ne valoit gueres,
Et qu'il estoit bien fort tenté
De me donner les estrivieres.
Pleurez, pleurez mes yeux, &c.
D'escus vne assez bonne somme
Deuant luy ie faisois sonner,
Et luy faisois assez voir comme
Moy qui prens ie luy veut donner :
Aussi tost cette ame rebource
M'a donné de ma mesme bource
vn si grand coup dessus le cou
Que ie m'en sens toute eschignée :
O que pour aimer vn tel fou
Il faut que ie sois forcenée !
Pleurez, pleurez mes yeux, &c.
S'il plaisoit à la destinée
Qu'il fut importun à son tour,
Et Beatris l'importunée
A lors à beau ieu beau retour,
Encore aurois-je quelque ioye,
Mais helas ! iusques dans le foye
Il me brusle le faux larron,
Il s'en rit l'impitoyable homme

Iodelet, ou le Maiſtre valet.

 Auſſi fort qu'autrefois Neron
 Rioit alors qu'il bruſloit Rome.
Pleurez, pleurez mes yeux, &c.
 Et cependant mon mal me preſſe,
 Mais quelqu'vn vient par l'eſcalier,
 C'eſt Iſabelle ma maiſtreſſe,
 Reprenons noſtre chandelier:
 Que ſi quelqu'vn de l'aſſiſtance
 Treuue qu'à moy n'apartient ſtance,
 Qu'il ſçache que l'Autheur diſcret,
 Qui ſçait fort bien que le collogue
 Eſt dangereux pour le ſecret
 M'a regalé d'vn ſoliloque.
Pleurez, pleurez mes yeux, &c.

SCENE II.
Iſabelle, Beatris, Lucreſſe.
Iſabelle.

Madame Beatris que faites vous icy?
Beatris.
Ie prepare vne chambre à voſtre Amant tranſi,
Et vous d'où venez-vous & madame Lucreſſe?
Iſabelle.
Ie viens de me donner en proye à la triſteſſe.
Lucreſſe.
Madame ie vous dis pour la ſeconde fois

Comedie.

Quand on auroit remis la chose à vostre choix,
Vous ne pouuiez choisir en toute la Castille.
Vn plus digne mari d'vne excellente fille :
A lors que Dom Iuan vous sera mieux connu
vous me confesserez que ie vous ai tenu
vn discours veritable.

Isabelle.

Et moi ie vous asseure
Lors que si richement vous faites sa peinture
Qu'il faut que de nous deux quelqu'vne resue bien,
vous de le croire tel, moi de n'en croire rien.
Helas ! à vous sa sœur l'oserois-ie bien dire ?
Il semble qu'il ne songe à rien qu'à faire rire,
Tousiours dans l'action d'vn homme extrauagant
soit par accoustumance, ou soit par accident
Parlant tousiours du nez, & de plus il affecte,
La façon de parler tousiours la moins correcte
Toûjours quelque mot goinfre est dãs tous ses discours,
Et ie pourrois passer heureusement mes iours
Auec vn tel espoux, ah ! fille malheureuse !
Encor si ie pouuois estre Religieuse :
Mais helas ! ie me sens pour la Religion,
Et pour ce braue espoux pareille auersion.

Beatris.

Finissez, finissez vostre querimonie,
Et gagnons l'escalier, & sans ceremonie,
Quelqu'vn ouure la porte, & l'on vous surprendra.
Quant à moy ie m'en fuis, me suiue qui voudra.

SCENE III.

Dom Iuan, Iodelet, Dom Louis.

Dom Iuan ouure la porte, & en oste la clef.

Laissons la porte ouuerte, & gagnons cét
 Alcoue,
Ie les entens venir.

Iodelet.

Mon maistre Dieu me sauue
Ne fut iamais qu'vn traistre, il s'en est en allé,
Helas! i'en ay le sang quasi tout congelé,
Et qui l'eust iamais crû? peste il ferme la porte
Que deuiendrai-ie donc?

Dom Louis.

Nous pouuons de la sorte
Nous battre tout le saoul, si le cœur vous en dit.

Iodelet.

Vous me pardonnerés, ie n'ay point d'appetit.

Dom Louis.

Que differés vous donc à venger vostre outrage?
Ie crains vostre raison moins que vostre courage:
Vous ne me dites mot, & bien qu'attendons nous?
Ha! vrayment si i'estois offencé comme vous,
Ie vous monstrerois bien vne autre impatience.

Iodelet.

Mon maistre asseurement n'a point de conscience.

Comedie.

Dom Louys.
Qe Diable cherchés vous ?
Iodelet.
Ie cherche ma valeur.
Dom Louis.
Apres avoir tantoſt monſtré tant de chaleur
Vous eſtes maintenant, ce me ſemble vn peu tiede,
Mais pour vous rechauffer, ie tiens vn bon remede.
Iodelet.
Ha bon Dieu ! quelle longue eſpée à giboyer,
Et qui peut ſeulement la voir ſans s'effrayer.
Dom Louis.
Dom Iuan eſt poltron, ou fait ſemblant de l'eſtre.
Iodelet.
Le Seigneur ſoit loué ie vien de voir mon maiſtre,
Ie n'ay plus maintenant qu'à faire le fougueux,
Ma colere eſt tantoſt au point ou ie la veux :
Si toſt qu'elle y ſera vous verrez faire rage,
Ha ! Seigneur ſortez donc manqués vous de courage ?
Dom Iuan.
Va donc pour l'amuſer te battre en reculant.
Iodelet pouſſe vne eſtocade ſans eſtre en meſure.
Dieu vueille eſtre auec nous.
Dom Louis.
L'effort eſt violent,
Vous vous battés fort bien.
Iodelet.
Aſſez bien, ha que n'ai-ie
Contre les coups d'eſtoc quelque bon ſortilege,

Iodelet, ou le Maiſtre valet,
Attendez, ah mon maiſtre, ah c'eſt trop me preſſer,
Mon eſpée eſt fauſſée, il la faut redreſſer,
N'auez-vous pas tué mon frere ſans lumiere?

Dom Louis.

Oüy.

Iodelet.

Pour vous teſmoigner que ie ne vous crains guere
Ie ne veux point auoir d'auantage ſur vous,
Ie veux ſans voir, vous battre & vous roüer de coups:
Meurs donc chandelle meurs, & nous laiſſe en tenebres
Et vous allez finir vos paſſe-temps funebres,
Pour moy qui ſuis exact en ce que ie promets,
Ie veux eſtre pendu ſi l'on m'y prend iamais.

Dom Louys.

C'eſt dans l'obſcurité que la lumiere eſt belle,
Vous ne vous battiez pas ſi bien à la chandelle,
Et vous m'auez bleſſé, mais ie m'en vengeray.

SCENE IV.

Dom Fernand, Dom Louis, Iodelet, Dom Iuan.

Dom Fernand.

Beatris.

Dom Iuan.

Sors, ſors viſte, ou ie t'eſtrangleray.

Dom Fernand.

Comedie.
Don Fernand.
Qu'est cecy mes amis;
Iodelet.
Ie venge mon offence
Dom Louys.
On m'a tiré du sang i'en veux tirer vengeance.
Don Fernand.
Est ce d'vne estocade, ou d'vn estramaçon.
Iodelet.
L'vn & l'autre ma foy n'est point de ma façon.
Don Fernand.
Monstrez si vous auez la main vn peu coupée.
Iodelet.
La sale vision que de voir vne espée.
Dom Fernand.
Allons mes chers amis, battez vous hardiment,
Ie ne parois icy pour la paix nullement.
L'vn de qui l'honneur souffre est pour estre mon gendre
Et l'autre est mon parent qui voit son sang respandre,
Battez vous donc Amis & bien fort vous serez
Bien plustost animez par moy, que separez.
Dom Louys.
Vostre conseil est trop d'vn homme de courage
Pour n'estre pas suiuy.
Iodelet.
De tout mon cœur i'enrage,
Hà le meschant vieillard qui conseille en duel,
Dom Louys.
La colere me rend insolent & cruel,

H

J'ay trompé vostre sœur, j'ay tué vostre frere,
Ie le ferois encor si ie l'auois à faire.
Il ne me reste plus qu'à vous tuer aussi.

Dom Iuan sortant de l'Alcoue.

Vous ne me connoissez pas Dom Iuan, le voicy,
Vous trompastes ma sœur, vous tuastes mon frere,
Mais bien-tost vostre mort s'en va me satisfaire,
C'est au vray Dom Iuan qu'appartient seulement
De vanger son honneur offencé doublement.

Dom Louis.

Quel est donc de vous deux Dom Iuan ?

Dom Iuan.   C'est moy-mesme.

Dom Louis.

Et luy.

Iodelet.

Ie ne le suis qu'en cas de stratagesme.

Dom Iuan.

Ouy ie suis Dom Iuan qui vous vient de blesser,
Si ie l'ay fait sans voir, vous pouvez bien penser,
Qu'à moy venger ma honte est chose fort aysée,
Maintenant que ie voy celuy qui l'a causée :
Tandis que mon esprit a seulement douté,
J'ay voulu m'eclaircir, & n'ay rien attenté.
Sous le nom d'vn valet i'ay souffert mon offence,
Tandis qu'vn seul soupçon m'en demandoit vengeance
Vous qui me l'auez fait & l'osez declarer,
Vous me croyez peuteftre vn homme à l'endurer,
Ie n'ay pour le sçauoir de science certaine
Oublié jusqu'icy ny finesse ny peine.

Enfin m'on deshonneur ne m'est que trop connu,
Vous sçauez Dom Louis à quoy ie suis tenu,
Pour mon sang respandu, i'ay respandu du vostre,
Mais deux autres suiets m'en demandet bien d'autre
Ie ne puis viure heureux sans vous faire mourir,
Pour cela seulement i'ay deu me descouurir,
Ie suis donc Dom Iuan, que personne n'en doute.
Dom Louys.
Croyez vous à ce nom que plus on vous redoute?
Dom Iuan.
Et croyez vous aussi me donner le trespas,
Vous ne tuez qu'alors que l'on ne vous croit pas:
Mais puis que ie vous voi, qui vous pourra barbare
Garantir de la mort que ma main vous prepare;
Quand ie vous aurois tous ici pour ennemis,
Ie veux qu'on tienne ici tout ce qu'on a promis
L'on m'a promis ma sœur, il faut qu'on l'effectuë,
Ie lui dois vostre mort, il faut que ie vous tuë,
Voyez si Dom Iuan tient bien ce qu'il promet,
Soit qu'il parroisse en maistre, ou se cache en valet:
Dom Fernand tenez donc la parole donnée,
Commandez que ma sœur me soit viste amenée,
Et vous le plus mortel de tous mes ennemis
Battez vous contre moy, vous me l'auez promis.
Dom Fernand.
Ha! Seigneur Dom Iuan vn peu de patience.
Dom Iuan.
Pour en auoir eu trop i'ay manqué ma vengeance
H ij

Iodelet, ou le Maistre valet,

Dom Fernand.
Pourquoy vous estes vous deguisé parmy nous?

Dom Iuan. I'estois ialoux.

Dom Fernand.
De qui ? Dom Iuan.
De luy.

Dom Louys. De moy,
Dom Iuan. De vous.
Ie vous ay vû sortir du Balcon d'Izabelle.

Dom Louys.
Vous m'en vistes sortir. Dom Iuan.
Vous mesme, & puis chez elle.
Ie vous ai vû caché, mais ces ialoux soupçons,
Ne rallentirent point mon feu de leurs glaçons:
Au contraire il s'accrut avecque violence,
Lors ie me deguisay, ie garday le silence,
Et ne fus pas long temps sans rencontrer en vous
Vn riual dont i'auois suiet d'estre ialoux:
Vous n'excitiez alors que ma simple colere,
Et n'eusse iamais creu que la mort de mon frere
Deust se trouuer encor vn coup de vostre main!
Ie vous croyois Coquet, & non pas inhumain
Enfin i'ay sceu depuis qu'vne mortelle offence
Me deuoit contre vous porter à la vengeance,
I'ai creu que vous estiez coupable enuers ma sœur,
I'ai creu que vous estiez son lasche rauisseur,
Lors par ressentiment, plus que par ialousie
La fureur contre vous m'auoit l'ame saisie.

Comedie.

J'ay bientost preferé pour vous priuer du iour
Les soins de mon honneur à ceux de mon amour,
Quand on souffre en l'honeur l'amour ne touche guere
Maintenant que ie voy que de mon pauure frere
Que vous auez tué la nuit trop laschement,
Vous m'osez reprocher la mort insolemment :
Que pour vous contre moy le Ciel auec la terre,
Et tout le genre humain me declare la guerre,
Malgré le Ciel, la Terre & tout le genre humain,
Il faut que vous mouriez auiourd'huy par ma main.

Dom Louys.

Ceux qui me cõnoistront, sçaurõt bien que la crainte
N'est pas ce qui me fait approuuer vostre plainte,
Quand vous me reprochez que vostre Frere est mort
La raison est pour vous, & moy i'ay tousiours tort :
Mais ie deurois plustost estre par cette offence,
Vn objet de pitié qu'vn objet de vengeance :
Helas ie le tué, mais comment & pourquoy ?
Et quand ie le sceu mort, qui pleura plus que moy,
Il m'attaqua la nuit, & moy sans le connoistre,
Ie creu l'ayant tué n'auoir tué qu'vn traistre,
Malheureux que ie suis ie l'auois tué sans voir,
Le plus intime amy que ie croyois auoir,
Oui ie l'aimois autant qu'on peut aimer vn autre,
Puis qu'il fut mon ami pour deuenir le vostre,
Ie donnerois mon sang, ie donnerois mon cœur,
Et ce discours n'est point vn sujet de ma peur,

D. Iuan : Outre qu'vn genereux facilemẽt pardõn

Cette seulle raison sans doute est assez bonne,
Ie veux que vous l'ayez tué sans y penser,
Et que vous n'ayez eu dessein de m'offencer:
Mais vous ne vous lauez icique d'vne offence.
Et ma sœur contre vous me demande vengeances
Et puis que son honneur à mon honneur est ioint
Ie seray sans honneur si ma sœur n'en a point:
En l'humeur où ie suis ie n'ay pas grande enuie,
Si vous m'ostez l'honneur de vous laisser la vie.

Dom Louys.

Ie pourrois bien encor espouzant vostre sœur,
Et vous rendre content, & vous rendre l'honneur,
Vous n'auriez plus suiet d'en vouloir à ma vie,
Et ie n'en aurois plus de vous porter enuie:
Quoy que ie visse à vous auec tous ses apas
Celle que i'aimay bien, mais qui ne m'aima pas.
C'est de vous que ie parle, ô trop sage Isabelle,
Qui ne fustes iamais enuers moy que cruelle.
Dom Iuan quittez donc tous vos jaloux soupçons
Qe le feu de l'amour en fonde les glaçons,
Ne soyez plus atteint de cette frenesie,
Ny moy l'obiect fascheux de vostre ialousie.
Il est vray Beatris m'a deux fois introduit
Dans sa chambre le iour, dans son Balcon la nuit,
Mais sur ma foy bien loin d'estre de la partie,
De me l'auoir promis, ou d'en estre auertie,
Si tost qu'elle le sceut, elle l'en querella,
Et Beatris pensa s'en aller pour cela.

Comedie.

Dom Fernand.

Mon Neueu ne dit rien qui ne soit veritable,
Et si cher Dom Iuan vous estes raisonnable,
Vous ne fermerez plus l'oreille à la raison:
Cassons donc le tumulte hors de cette maison,
Et faisons y entrer la ioye & l'hymenée:
C,a viste que Lucresse icy soit amenée,
Est ma fille Isabelle, ah! ie les voy venir,
Venez, venez tascher de les bien reünir,
Que ie deuray d'encens à la bonté diuine,
Puis qu'elle fait finir cette guerre intestine,
Que ie me sens heureux, & vous mes chers enfans,
Tant pour vostre repos que celuy de vos ans,
Deuenez bons amis, embrassez vous ensemble,
Et qu'vne ferme paix à iamais vous assemble.

Don Iuan.

Ie ne resiste plus, ie suy vostre conseil.   D. Louys.
Le plaisir que i'en sens n'eut iamais de pareil.

SCENE V.

Lucresse, Isabelle, Iodelet, Dom Iuan,
Dom Louys, Dom Fernand.

Lucresse.

O Ma chere Isabelle!

Isabelle.

O ma chere Lucresse!

Lucresse.

Que nous auons de ioye apres tant de tristesse,

Et bien auois ie tort, lors que vous vous plaigniez,
D'asseurer qu'il n'estoit pas tel que vous disiez.

Iodelet.

Ie n'ay donc qu'à quitter mon habit de parade,
Puis que ie ne suis plus Dom Iuan d'Aluarade,

Dom Iuan.

Non mon cher Iodelet, gardez tous vos bijoux,
Ils vous parlent trop bien pour n'estre pas à vous.

Dom Louys.

Vous dont l'amitié m'est vn bien inestimable,
Receuez de ma main cette fille adorable.

Dom Iuan.

Vous que ie hayssois tantost de tout mon cœur,
Sçachez que ie suis vostre aussi bien que ma sœur.

Dom Fernand.

Allons mes chers enfans finir cette iournée
Par l'accomplissement de ce double hymenée.

Iodelet.

Ma foy vous n'estes pas encor où vous pensez,
Et les discours icy ne sont pas tous passez,
Il me faut vn portrait que retient Isablle,
Qui pend à deux rubans au fond de sa ruelle :
Moy qui ne sçait sic'est ou pour bien ou pour mal
Qu'elle garde vn Portrait, perdant l'original :
Ie veux qu'on me le rende, ou bien la Comedie,
Por moy Dom Iodelet diuiendra Tragedie.
Ouy ie la veux auoir cette Idole de prix,
Pour en fauoriser ma chere Beatrix.

FIN.

www.ingramcontent.com/pod-product-compliance
Lightning Source LLC
Chambersburg PA
CBHW070246100426
42743CB00011B/2147